JN141772

私を幸せにする起業

――会社を30年続けた女性経営者があなたに贈る
起業家人生を軌道に乗せるための経験則――

芳子ビューエル

起業をめざす女性に、私が伝えたいこと――はじめに

私は「アペックス」という会社の社長を務めていますが、「どんな会社なんですか?」と聞かれるとけっこう困ります。いろいろなことをやっているからです。

簡単に言うと「化粧品、食料品、インテリア、その他各種商品を扱う総合輸入商社」になります。世界的に有名なデンマークブランドなど北欧大手メーカーの日本代理店として、北欧発のワンランク上の暮らしを潤す商品を中心に扱っています。

そうした商品をネットやテレビ、カタログ等で紹介し、販売していますが、特に世界最大級のテレビショッピングであるQVCをはじめ、多くのテレビ局が取引先となっています。

そして商品の販売にあたっては、販売方法を考える企画会社でもあります。企画とは、たとえばテレビショッピングで商品を取りあげてもらう際には、商品を売るための見せ方、誰に出演してもらい、どう訴求して、どれだけ売るのか、それらすべてを企画書にまとめてテレビ局に提案します。

さらに、メーカーでもあります。わが社の希望する商品を国内外の工場で作ってもらっています。すでにある商品を仕入れるのではなく、こちらが売り先に合わせて企画を立て

(株)アペックス外観

て商品を作るのです。商品を右から左に流す、いわゆる通販ベンダーというだけではありません。

設立は平成元年（1989年）で、現在の社員数は35人。女性が6割で、留学経験者も多く、英語、ドイツ語、韓国語には十分に対応できます。

取引のある国は北欧がメインで、デンマーク、スウェーデン、フィンランド、それにドイツ。オーストラリア、アメリカ、カナダとも取引があります。中国とは工場と取引しています。

会社は群馬県の高崎にあるのですが、地元ではこの会社のことはあまり知られていません。昨年、初めて高崎の商工会議所の会報誌に紹介記事を載せてもらったのですが、その際、取材に来られた方が「こんな会社が、ここにあったのですか。全然知りませんでした」と驚いていました。

「トラックがよくとまっているけど、何をやっているんですか」と聞きに来る近所の人もいます。

高崎駅からタクシーに乗り、行き先をアペックスと言うと「東京からのお客さんが、よくこの会社の名前を言うんですが、なんの会社ですか」と運転手さんから尋ねられるそうです。来社されたお客様が、そう教えてくれることがときどきあります。

取引先の99パーセントは県外にありますが、交通の便がよく、豊かな自然に恵まれ、生まれ育った高崎を取引先の人に自慢したくて足を運んでもらっています。

わが社は産育休後の復帰率が100パーセントです。これは私の誇りでもあります。また、有給休暇を1時間単位でとれるので、突発的な用事が生じても気兼ねなく休むことができます。

子育てをする親が働きやすい職場環境を作ることが、私の使命と考えています。私自身、3人の子供を育てながら会社経営に携わってきました。その間、本当にさまざまな苦労がありました。

「起業したい」という相談をよくされますが、会社を作って事業を行っていくことがどれだけ大変なのかを、しっかり理解したうえで起業してほしいと思います。

また、自治体などから起業塾の講師を頼まれることもあります。

主催する自治体の人は、参加者に起業してほしいと言います。それは自分の実績になるからでしょう。銀行の人も起業する人に融資するために来ていたりしますが、私は違和感を覚えて仕方がありません。

参加者に、やりたいことを聞いたり、家庭の事情を聞いたりすると、この人たちに本当に「起業しなさい」と言っていいのか、疑問を感じることもよくあるからです。

起業塾を主催するのはいいことですが、「参加者が何人起業したのか」ではなく、「起業した人の何人が成功したのか」が重要なはずです。成功というのは、「起業した人の何人が事業を長く継続できたか」です。

そこで起業塾の講師を引き受けるときは、セミナー内容を私の希望するものにさせてもらっています。

最初に「起業して10年間続いている会社が、どれだけあるか知っていますか」と尋ねます。ただし、銀行の人たちはそういう話をしてほしいとは思っていません。起業する人にお金を融資して実績を作りたいからです。

しかし、私はそれだけではあまりにも無責任だと思います。家族にも大きな影響を及ぼすことを考えると、安易に起業を勧めることなどできません。

起業したい人が、私と同じような失敗をして、つらい経験をする必要はありません。そんな失敗をしないように、私の経験を共有できることを願っています。

特に、女性が仕事を続けていくなかで、私の経験が少しでも参考になればいいと思っています。子育てしながら働くことは本当に大変です。子供の面倒をみてもらうことができずに困っている人が多くいます。私も核家族だったのでとても苦労しました。

どうしたら、めげずに頑張ることができるのか。自分が「働く女性」「働くお母さん」として経験したことを共有し、少しでも働く女性の励みとなれば、うれしく思います。

2019年6月7日　芳子ビューエル

目次

1章　私の「成り行き起業」

高校卒業後、カナダに留学

私は、起業をしたくて会社を始めたわけではありません。成り行きで起業してしまったのです。

父方の親戚は全員教育者で、母方に少し会社勤めの人がいるという教育者の家庭で育ちました。父は高校の先生で、「士農工商という言葉を知っているだろう。商はいちばん下なんだ」と言っていたくらいです。

小さい頃からそんなことを聞かされたので「商売をするのはいけないことなのかな」と思ったほどです。

生まれ育ったのは群馬県の高崎です。高校卒業後にカナダへ留学し、8年半後に日本に帰ってきました。

カナダに行った理由は、厳しい父親が私をどうしても教員にしたがったからです。しかし、私は厳しい規則のある生活に馴染むことができませんでした。とてもではないけれど、父のそばにいることはできないと思っていました。

年子の妹は「私が小学生の頃から、お姉さんは『18歳になったら外国に行く』と話してた」と言います。そして、妹に「あなたが家の跡を取るんだよ」といつも言っていたそうです。三姉妹なので誰かが婿《むこ》を取り、名前を残す必要があったのです。これも父の言いつけでした。

そのため、妹は小さい頃から自分が跡取りだと思っていたそうです。私にはそんなことを言った記憶などあまりないのですが。

とにかく、早く親元から離れたいという気持ちが強くありました。


ありがたかったのは、母が小さい頃から英語を教えてくれたことです。母自身は独学で勉強したのだと思いますが、英語の会話や英語の歌を聞けば、だいたいの意味を理解することができました。

私にも歌を教えてくれたりしたので、意味はわからなくても発音を真似していました。そして、母は私に「アメリカンドリームというものがあるんだよ」という話を小さい頃からしてくれました。

厳しい父親のもとで閉塞感を感じる一方で、母親から聞くアメリカドリームにあこがれを抱きながら大きくなり、「いつかアメリカに行きたい」と思っていました。

ただし、留学したいと思っても、お金があるわけではありません。そこで高校を卒業した後、都内で1年間、英語を勉強しながらアルバイトでお金を貯めました。

また、成人式の着物用に母が貯めてくれたお金がありました。私は「成人式の着物はいらないのでそのお金をください」と頼んで、半年ぐらいの予定でカナダに行きました。

本当はアメリカに行きたかったのですが、父親が「アメリカは危険な国だ。みんな銃を持っている」などと言い出し、「それならカナダに行きなさい」となったのです。

都内で勉強したことで、かなり英語をしゃべれるようになっていました。TOEFLも好成績を獲得しました。とにかく、英語が大好きだったのです。

カナダでは大学入学希望者用のテストを受けましたが、先方の学校の先生が驚くような数字を取ることができました。当時のカナダでは、公立大学は外国人をあまり受け入れていなかったのですが、その成績のおかげと、現地で通訳をしていたことも認められて、特別枠で公立大学の短大で2年間、勉強することができました。

短大を卒業したら日本に帰る予定でした。ところが、その間に現在の夫と出会い、国際結婚をしてしまいました。夫はカナダ人で学生結婚です。それを知った父からは絶縁状が届きました。

私は、父親に言われたとおりの道を歩むことが嫌で仕方ありませんでした。ですので、カナダでずっと暮らしていこうと思っていました。

夫は高校や大学で美術を教えながら、画家としても活動を続けていました。そして、夫の作品が評価され、日本で浮世絵の勉強をするための奨学金が支給されることになり、家族で日本に行くチャンスが訪れました。

夫は日本のことをまるで知りません。すでに生まれていた長女も、日本には行ったことがありません。このまま日本を知らずに生きるのは可哀想ではないか、せっかくのチャンスだからということで、ご提案をくださった専門学校の要請に応じて2年間日本で暮らし、日本のことを知ってもらうのもいいのでは。そう考え、8年半暮らしたカナダから日本に戻ってきました。

無知だったから、会社が設立できた

約束の2年のあいだには長男が生まれました（その後に次男も生まれ、子供は3人になりました）。多くの友だちもでき、日本で居心地のよい毎日を送ると、友だちから「このままカナダに帰るのはもったいない。日本にいて、日本とカナダの架け橋になるような仕事をしたらどうだろう」と勧められたのです。

このアドバイスが起業につながりました。そして、設立したのがアペックスです。

いまから考えると、起業すること、自分で事業をすることがこんなに大変だとわかっていたら、絶対にやっていません。知らないからできたのだと思います。

起業した当初はお金もありませんでしたが、無知が力になりました。

まわりの人たちの勧めもあり、初めに手がけたのは、カナダからログハウスやツーバイフォーの建材等を取り寄せる、輸入販売です。設計士や建築関係の仕事をしている人たちからは、資本金の出資を受けることもできました。

夫の親戚がカナダで木材関係の仕事をしていて、ツーバイフォーの材料を扱っていることもあり、話が進んでいきました。

夫を社長として事業は始まったのですが、実際には夫は教師を続け、私が事業を取り仕切っていました。しかし、素人にそう簡単に建材やログハウスが売れるわけがありません。結局、2年間で4棟くらいしか売れませんでした。これではビジネスとして成り立つはずがありません。

そうなると、初めに資本金を出してくれた人たちの態度が変わってきました。資本金を出したということは投資です。ところが、儲からないとわかると「投資ではなくてお金を貸した」と言い出したのです。言うことが変わることに私は驚きました。

世間知らずだった私は、仕方がないので銀行からお金を借りることにしました。しかも利子を20パーセントもつけて、お金を返したのです。

実際には、会社は債務超過だったので「返せません」と言えば、それですんだはずです。いまならその理屈がわかりますが、当時は何も知りませんでした。「貸したと言われたら返さなくてはいけない」としか考えられませんでした。

しかも若かったので、悔しいという気持ちのほうが先にたち、20パーセントもの利子をつけて「返金」したのだと思います。

本当の意味での「起業」がスタート

起業して2、3年経った頃には「建築関係の仕事は難しい。これから何をしようか」と途方に暮れました。定款を書き換えて、何か新しいことをするしかないと決めました。

このときに転機を迎え、私にとって本当の意味で起業がスタートしたのだと思います。

当時は本当にお金がなかったのですが、なけなしの5万円を使って、群馬県エリアのNTTの電話帳に小さい広告を載せました。業務内容は「通訳・翻訳と輸入業務」です。

建築関係の営業先に行くと、「ちょっと翻訳をやってよ」「この資料の翻訳をお願いできるかな」と相談されることが、ときどきありました。そうした際には、契約を取るためのサービスの一環として無料で引き受けていたのですが、これをお金にすることができないかと考えたのです。

すると、予想以上の引き合いがありました。おかげで細々ながらも仕事を続けることができました。

あるとき、大手食品メーカーの常務さんから電話がありました。内容は「今日、大至急通訳が必要だけどお願いできますか」。もちろん、お受けしました。

その日は、一日じゅう投資関係のやりとりの通訳を行いました。仕事を終えると相手の常務さんはとても機嫌がよく、その会社で作っているラーメンをお土産にダンボール一箱いただきました。

そして、常務さんからこう言ってもらえました。

「あなたみたいな人がいると本当にありがたい。社員ではなくて必要なときに必要な時間だけ、海外とのやりとりを手伝ってくれる人がいたら、会社としては本当に助かる。英語が堪能で輸出入にも詳しい人を商社から引っぱってくると、お金がかかるんだよ。そういう人は、こちらが上手に使いこなせないことも多いし」

その言葉がヒントになりました。帰りに車を運転しながら、「これをビジネスにしたら面白いかもしれない！」とひらめいたのです。

その食品メーカーと、それ以前におつき合いがあったわけではありません。その日、群馬の工場に海外からお客様を迎えるのに通訳がいないということで、当日、慌てた常務さんが電話帳で見つけたわが社に電話をくれたのです。

常務さんの言葉をヒントに「中小企業の輸入部門の代行を仕事にできないか」と考えました。当時、会社には私だけでなく、英語に堪能な女性スタッフが1人いました。そして、カナダ人の夫という強い味方もいます。

ですので、「ビジネスクラブ」を作ってみようと思いつきました。

そこで、同時通訳などを行っている会社や商社などにお客のふりをして電話をかけ、料金相場など、いろいろな情報を集めてみました。

東京には輸出入業務を代行する商社がたくさんありましたが、どこも取引額の数パーセントを手数料として受け取る形で、単発的な仕事のようでした。

私がめざしたのは違います。

「中小企業と年間契約をかわす。毎月会費を払ってもらい、電話で通訳や輸出入に関する質問等をすることができる。必要に応じてわが社が、会員さんの会社の輸出入部門として業務を代行する」という会員組織です。

どうなるかわからないけれど、とにかく会員制のビジネスクラブを立ち上げました。

すると、群馬県やほかの関東地方の新聞社などが関心を持ち、うちのビジネスクラブを紹介する記事を掲載してくれました。当時は、そうしたビジネスクラブが群馬周辺にはまだなかったので珍しかったのでしょう。

30社くらい会員が集まり、このビジネスクラブを3年くらい続けました。業務内容は本当に多岐にわたりました。

造園業の方から「灯籠と敷石の輸入をしたい」という依頼を受けたのを皮切りに、「アメリカからプロットハウンドという猟犬を輸入したい」、「ベルギーから伝書鳩を輸入したい」という依頼も来ました。

生き物なんて輸入できるのかなと思ったのですが、調べてみると意外に簡単でした。予防接種だけちゃんとすれば、DHLの航空便で届いてしまうのです。

当時はまだタワーレコードやHMVがなく、群馬の会社からアメリカでCDがリリースされるのと同時に、日本でも発売する店を作りたいという依頼がありました。お手伝いしたところ、その会社は最盛期には月商1000万円をあげるまでに成長しました。

NASAから宇宙食を輸入したこともあります。

いろいろな依頼を受けることで多くの発見があり、サプリメントは個人使用のためにしか輸入できないことも学びました。本格的な輸入には薬事法などもからみ、ハードルが高いのです。化粧品も同様でした。

頭で考えていても何も解決しません。とにかく「人に聞くことで道は開ける」ということを、身をもって実感しました。

いろいろな会社の輸入を代行することで、本当に多くの勉強をすることができました。そして、輸入に関するノウハウをどんどん蓄積することができたのです。会社の業績はなかなか伸びませんでしたが、仕事のテリトリーと思考の幅が広がる有形無形の財産を蓄えることができました。

JETROの「短期輸入専門家」に合格

会社の方針転換を図ったものの、債務超過の状態からはなかなか脱出できません。

夫は、書類上は社長ですが経営にはノータッチ。家族が食べていくために専門学校の講師をしていました。その後、デザイナーの仕事についたものの、勤務先の会社が倒産してしまいました。

そうなると、夫もほかで仕事をするよりはということで、社長業に専念することになったのです。こう書くと少し格好いいのですが、実際は会社に転がり込んできた感じでした。私の分の給料も満足に払えないのに、夫の分まで捻出できるはずがありません。家計は火の車です。

その頃、知り合いにJETRO（日本貿易振興機構）の輸入専門家をしている人がいました。「あの人にできるなら、自分にもなんとかできるのでは」と、またもやひらめきました。

当時のＪＥＴＲＯは年に一度、短期で海外に輸入専門家を派遣し、その人が見つけてきた商品を日本に紹介するというプログラムを実施していました。

それまでもビジネスクラブの仕事で、商談のため何度も海外に出かけていました。そうした際に海外の商品を見て、「これを日本に持ってくれば売れるのでは」と思ったことがあります。

しかし、赤字の会社では商品の買い付けのため海外に行くような贅沢は許されません。利益を出すためには、出張コストを商品の価格に上乗せせざるを得ず、それでは売れるものも売れなくなってしまいます。

その点、ＪＥＴＲＯからの派遣であれば出張コストはゼロ。大きな魅力でした。

短期輸入専門家という「スペシャリスト」を募集する試験を受けたところ、合格したのです。試験は1時間で、口頭で60問くらいの質問に答えるというものでした。

輸入に関していろいろを聞かれるのですが、私はさまざまな商品を扱ってきたので、そのほとんどに答えることができました。

私が合格した前年までは、食品や医薬品など各分野の専門家がいたのですが、私の採用された年からは予算の関係で、「ライフスタイル・スペシャリスト」として日常生活に関

JETROの「ライフスタイル展」

わるものならなんでも扱う担当になりました。

行き先には北米を希望したところ、アメリカとカナダの2カ国に決まりました。

1997年1月、私はシカゴ、コロンバス、ミネアポリス、デンバー、ワイオミング、ポートランド、トロント、バンクーバー、カルガリーをまわる約40日間の海外視察に出かけました。

試験は家族に内緒で応募しました。ですので合格したことを夫に話すと、とても不機嫌になりました。その後、夫と子供たちに納得してもらうため、いろいろな努力をしたのですが、それは2章で紹介します。

私は「日本に持っていったら売れそうな魅力的な商品はないか」と、各地の展示会や商工会議所をひたすら見てまわりました。

著者がデザインした会場風景

その結果、さまざまな商品を通してお国柄が反映されたライフスタイルを学ぶことができました。また、日本のニーズを先取りできそうな消費動向をキャッチすることもできました。

おかげで、これぞと思える商品を数多く見つけられました。そして、東京のビッグサイトで「ライフスタイル展」が開催されたとき、私は北米担当として自由に会場をデザインすることができました。これが大盛況となり、自分のビジネスにも少しですが役立ちました。

デンマークの寝具メーカーとの出会い

私は留学を終えた後、カナダで就職してトータルで8年半、カナダにいました。そのときに体験した北米と、ＪＥＴＲＯの仕事で行った北米ではまったく違うものが見えました。学生気分で見る世界とビジネスの視点で見る世界は、まるで異なるのです。

私は身につけた知識がフレッシュなうちに、もっと広く世界を見てみたいという思いが強くなり、翌年に再度、スペシャリストの試験を受けました。

無事合格し、今度はオセアニアを希望しました。

合格を喜んでいると、JETROから連絡がありました。ヨーロッパ担当に決まった人がドタキャンをしたので、ヨーロッパにも行きませんかという依頼です。もちろん快諾し、私の行き先に急きょ、ヨーロッパの一部が加わりました。

オランダ、ドイツ、デンマークを約3週間でまわり、1週間だけ日本に帰って、その後にオセアニアのオーストラリアとニュージーランドをまわりました。

このとき、デンマークで、ある寝具メーカーと出会ったことが、その後のビジネスを大きく展開させる転機となりました。

その出会いがなければ私はカナダに戻り、日本食レストランでウェイトレスをしていたかもしれません。それほど大きな出会いを経験できたのです。

その寝具メーカーの社長は、とても素晴らしい人でした。日本でのＪＥＴＲＯの展示会に誘ったところ、日本まで来てくださいました。

その社長が帰国する際、私に「今度、コンテナひとつ分の商品を送るので、あなたが日本で売ってみなさい」と言ったのです。

私は「寝具を売ったこともないし、コンテナひとつ分なんて、とても売ることができません。代金も払うことができません」と答えました。

それでも「出世払いでいいから」と、20フィート（約6メートル）のコンテナにいろいろな商品を詰めて送ってくれました。私はＪＥＴＲＯのスペシャリストとして訪問したときに得た情報だけを頼りに、いろいろなところに営業をかけました。

当時の日本では、寝具というとペイズリー柄がほとんどでした。しかし、デンマークの寝具はほとんどが白の無地なのです。そんな商品を持って行っても、どこも断ります。「白の寝具なんて、お年寄りに勧めると白装束かと言われて怒られそう。ダメに決まっている。縁起が悪い。病院じゃないんだから」

そんなことばかり言われました。

ある日、通販の会社に、これで最後にしようと決めて営業に行きました。「これで売れ

「ドライウォーターベッド」

なかったら、デンマークの社長さんにごめんなさいと言おう」と思っていました。

その寝具は「ドライウォーターベッド」と名づけたのですが、褥瘡《じょくそう》（床ずれ）予防の医療用のマットレスでした。日本では発売されていなかったので、パラマウントさんにも営業に行きましたがダメでした。

その通販会社に営業に行き、廊下でマットレスを広げていると、通りがかった男性から「それはなに？」と聞かれました。

私は「体圧を分散させるので、腰が悪い人にはとてもよいマットレスらしいです。デンマークの病院でも使われています」、そんな説明をしました。

「ちょっと使わせてもらっていいかな」と言われたので、私は、もう返してもらわなくてもいいやという気持ちで、「どうぞ」と言いました。

後でわかったのですが、なんと、その人はその会社の社長だったのです。

次の日の朝、その人から電話がありました。

「家に持って帰って使ったけど、あんなにいいマットレスは初めてだ。うちの会社で扱わせてもらう」

そう言ってくれたのです。

その人の奥さんは椎間板ヘルニアか何かで神経が圧迫され、腰が痛くて長年困っていました。毎朝起きるのも大変で、起き上がるまでに、いつも1時間ぐらいかかっていたそうです。体を右に向けて左に向けてと、そうしたことを何回も繰り返して、やっと起き上がれるような状態でした。

「今朝起きたら、女房が先に起きて味噌汁を作っていたんだよ。こんなの何年ぶりだろう」と、とても喜ばれました。

「うちの会社で大々的に宣伝します」と言ってもらい、本当にカラーで大きな新聞広告を打ってくれました。その結果、注文が殺到してコンテナでどんどん輸入することになりました。

私は「すごい！　売れるんだ！」と驚き、呆然としていました。これがきっかけとなって、わが社は伸びていくことができました。

日本にもテレビショッピングの時代がやってきた

これは2000年の頃の出来事ですが、その頃、日本にもテレビショッピングの時代がやってきました。

実はJETROの視察で最初に北米に行ったとき、私は夜な夜なテレビショッピングの番組を見ていたのです。仕事を終えてホテルに戻れば、何もすることはありません。そのため、いつしかテレビショッピングの番組が、夜のお友だちになりました。

深夜になると、いろいろなテレビショッピングの番組が放送されていて、実に面白いのです。商品のデモンストレーションや説明を見ていると、その国のライフスタイルが浮き彫りにされるようで、私にとって貴重な情報源になりました。

2000年に幕張メッセで開催された「健康福祉展」に参加したところ、テレビショッピングの会社QVCの人が「うちでも売りませんか」と声をかけてくれました。

QVCはアメリカでは知らない人がいないほど有名なテレビショッピングの会社で、当時、日本でも放送開始に向けて販売する商品を探していたのです。早速、商品企画のディレクターを訪ね、商品の説明をさせてもらいました。

おかげで、2001年の放送開始と同時に寝具を売ることができ、会社の業績が急速に伸びていったのです。

QVCに説明に行ったとき、ディレクターが思いもよらない話を持ち出しました。

「ビューエルさん、あなたが商品と一緒にテレビに出てみませんか？　あなたの説明は安心して聞いていられるのです。押しつけがましくないのに、説得力があって、人を買わせる気持ちにさせると思いますよ」

私がテレビに出る⁉

予想もしなかったリクエストに驚きましたが、テレビショッピングの番組を見たときに「私なら、あんな言い方はしない」「私なら、こんなふうに商品を見せるのに」と、いつも感じていたことを思い出しました。

そして、「確かな知識に基づいて商品をアピールするセールスおばさま」としてQVCの開局と同時に出演し、「ヨーロッパ、北欧の商品とライフスタイルを紹介する」というブランディングのもと、商品を紹介する仕事を続けています。

1989年に成り行きで起業したものの赤字が続き、NTTの電話帳に小さい広告を出して方針転換を図りました。

その後、JETROの「ライフスタイル・スペシャリスト」となり、海外に目を向けることでデンマークの寝具メーカーと出会い、ヒット商品の誕生、さらにはテレビショッピングの番組への出演……。

こうして私の起業家人生は、やっと軌道に乗ってきたのです。

2章　私のビジネス修行の原点

営業のイロハを、すべて教えてくれた支店長

カナダの短大を卒業した後に就職した会社で、私はビジネスの基本を身につけることができました。

勤めたのは、コピーや印刷・製本等を取り扱うキンコーズカナダの前身となる会社で、当時はコピー機などの事務機器を販売していました。その会社に、初めての女性営業マンとして雇ってもらいました。

アメリカには女性の社会進出をどんどん支援する環境があります。しかし、当時のカナダは違っていました。女性は家にいるほうがいいという風潮があり、男性中心の文化が色濃かったのです。

私の採用を決めた支店長は、あと1年で定年退職というイギリス人の男性でした。その人が私の履歴書を見て言いました。

「私はこの会社をやめる前に、もう一人、営業マンを一から育て上げたい。この業界にも、カナダのビジネスにも知識や経験がゼロで、まっさらなあなたなら育てがいがある。採用です」

こんなことがあるのかと、私は驚きました。

その支店長からは、営業のイロハをすべて教えてもらうことができました。当時の私は、まだ学校を出たばかりで気分屋の面も多分にありましたが、そんな私に支店長は「お客様に失礼がないように」と、いつも注意してくれました。

「お客様にとっては、初めて接するこの会社の営業マンがあなたかもしれないのだから、いつもニコニコ笑っているようにしなさい」

そう言われ、笑顔の練習を嫌というほどやらされました。

顔がこわばっていると「トイレで笑う練習をしてきなさい」と言われます。車で移動するときは、車を降りる前に「バックミラーで自分の顔を見て、ニコッと笑ってからお客様のところに行きなさい」です。

「もしお客様のAさんとトラブルがあったとしても、別のお客様のBさんにはAさんのことは関係ないのだから、Bさんの前ではニコニコしなさい」と言われました。このように一つひとつ細かいことまで、ていねいに注意してもらえたのです。

日本では「商いとは飽きないでやるから商い」と言われます。イギリスでも同じようなことが言われているようです。

そして「お客様のところに行くのであれば、絶対に名前を覚えてもらいなさい」とも言われました。ただし、私の「芳子」という名前は、向こうの人にはなかなか覚えてもらえず、正しく発音することができません。

当時、ヤシカカメラがカナダでもよく知られていました。そこで、支店長が「ヤシカはみんなが言えるので、ヤシカと呼んでもらえばいい」と言い出しました。実際、どこに行っても「ヤシカカメラをご存知ですね」と言うと知っています。

「ヤシカのヤをヨにして、ヨシコと呼んでください」

そうお願いすると、みんな「ヤシカ、ヤシカ」と呼んで覚えてくれました。

褒めて育てられ、トップ営業マンに変身

入社して最初の3週間は商品の勉強で、続く1週間は支店長に同行して、お客様との対応を学びました。いわゆる新人研修です。

そうして1カ月が過ぎたとき、支店長から言われました。

「さあ、ヨシコ。いよいよ今日から1人でコールドコールだ。元気に行っておいで」

そう言って私の背中を押すのです。

そんなことを急に言われても、私は「コールドコールってなに？」でした。

コールドコールとは、直訳すれば「お客様に冷たくあしらわれる訪問」。ようするに「魔の飛び込み営業」です。そんなことをやらされると知っていれば、私はこの会社に応募しなかったでしょう。

でも、時すでに遅しです。アメリカやカナダの会社は、週末あるいは隔週末に給料を支払うのが通例で、もう二度も給料をもらっているので「やめます」とは、とても言えません。


仕方なく、まったく知らない会社を訪ねるという営業を始めましたが、そう簡単に契約が取れるわけはありません。担当者に会うだけでもひと苦労です。

「いったい、いつになったら最初の売上をあげられるんだろう」と不安が募っていきました。そんな私を見かねたのか、支店長がアドバイスしてくれました。

「いいかい、どんなに嫌なこと、悲しいこと、つらいことがあっても、それは君自身の問題なんだ。お客様には関係ない。暗い顔を見せるのは、お客様に対してとても失礼だし、プロ意識に欠けるよ。そんなことでは、誰もモノを買ってはくれない。

毎朝、家を出るときは新しい気持ちで、洗いたてのノリのきいたシーツのような快適さを身にまとって仕事にのぞむことが、成功する秘訣なんだ」

それから5日間は、支店長が同行をかって出てくれました。しかも、その間にあげた売上のすべてを私の名前で登録してくれたばかりか、私の仕事ぶりをほかの営業マンに自慢げに話したのでした。

最初は「やめて！　私はそんなにすごい仕事はしてません」と叫びたい気持ちでしたが、不思議なことに、次第に「私は、実はすごい営業マンなんだ」と思うようになりました。同時に「支店長の自慢話に負けない、本当に優秀な営業マンにならなくてはいけない」という使命感に駆られ始めたのです。

おそらく「褒めて育てる」というのは、こういうことなのでしょう。

あとは支店長の教えを信じて、実行あるのみです。毎朝、気持ちも新たに会社に向かい、お客様からさんざんな思いをさせられたときは「さあ、嫌なことはこれでおしまい。気持ちを入れ替えなくちゃ」と自分自身に言い聞かせて、深呼吸をひとつです。

それでも気分が晴れないときは、次の訪問先に向かう前に鏡に向かってニッコリ。笑顔の練習をしました。無理してでも笑顔を作れば、なぜか気分が晴れてくるものです。

こうして私は、マイナスに傾きそうな心をプラスに転じることが上手になりました。

男性中心の会社だったので、大きいビジネス機器は男性が担当し、私は小さいものしか扱わせてもらえませんでした。それでも私は支店長の教えのおかげで、65人いる営業マンの中でトップの成績を取ることができました。

そのときの支店長のうれしそうな顔は、いまでも忘れられません。ただし、ほかの営業マンからは嫉妬の嵐でした。セクハラまがいの言葉も日常茶飯事でした。

とにかくニコッと笑うこと、気分を入れ替えることの重要性を叩き込まれましたが、その教えはいまでも私の財産になっています。

受付の女性や秘書と上手につき合うことの大切さ

あるお客様のところでの出来事です。そのお客様の会社にはすでに何回か訪問していて、新たにコピー機を買ってもらうために行きました。

すると、秘書の人に「あなた何も知らないの⁉」と驚かれました。

「おたくのコピー機で不具合があり、朝から社長が怒鳴って、ずっとあなたの会社にクレームの電話を入れているのよ」

そう教えてくれました。おかげで私は社長に会わずに帰ることができ、お叱りから逃れられました。私は支店長から「受付の女性や秘書の人たちを大切にしなさい」と教わっていましたが、そのときにはこの教えの大切さを痛感しました。

また、「受付の女性を絶対に馬鹿にしてはいけない」とも教わりました。「どんな対応をされても味方にしなさい」と言われました。受付の女性や秘書の人とは、実際に商品を買ってもらう人以上に上手につき合いなさいと教わったのです。

この教えはいまでも通用します。受付の人は冷遇されることが多いのです。電話を取る係の人も同じです。しかし、こうした人たちは社内外のいろいろな情報を持っています。これらは、本当に貴重な教えだと思っています。あの支店長から教えを受けなければ、私は営業を続けることなどできなかったでしょう。

ビジネスでは、逃げ道を作ってはいけない

会社を設立したとき、私は会社経営の大変さをまったくわかっていませんでした。それ

なのに、友だちの勧めもあって起業してしまいました。

このときの私は、意識してはいませんでしたが「うまくいかなかったら、会社なんかやめて、カナダに戻ればいい」という気持ちがあったのだと思います。

ようするに、逃げ道があったから会社設立というギャンブルに挑めたわけです。

その後も、私は仕事のことで迷ったり、悩んだりするたびに「もうカナダに帰ろうかな」と思っていました。

「カナダに帰って、どこかの会社に勤めたほうが楽なのでは。こんな大変な思いをするよりは、そのほうが幸せなのでは」

いつもそんなことを考えていました。

悩んでばかりいる私を見かねた友だちが、あるとき「品川にものすごくよく当たる占いのおじさんがいるから、ちょっと見てもらいに来ない」と誘ってくれました。

「お金はいくらかかるの?」と聞くと「タダだよ」との答え。「でもお土産を持ってきて」と言われたので3000円くらいのものを買って、高崎から品川に向かいました。

そのおじさんから「何を聞きたいの?」と問われました。

「自分は起業とかビジネスに向いていないかもしれないので、やめてカナダに帰ったほうがいいですか」と聞きました。

するとそのおじさんが「あなたは馬鹿だね」と言いました。「あなたは何年ビジネスをしているの」と聞かれたのですが、そのときはちょうど10年目を迎えていました。

「10年もビジネスをしていて、あなたはいま頃、合っているか合っていないか、俺に聞いているの？」

私は「はい」と答えました。

「合っていなければ、もっとずっと前に倒産しているよ。10年も続いたのに、なんて馬鹿なことを言っているんだ。あなたのいちばんの問題は、いま、おれにした質問なんだよ。カナダに帰ろうかなという気持ちがどこかにあるから、すぐブレてしまうんだよ。

そのカナダに帰ろうかなという思いを捨てて、今日から日本に根を張って頑張ろうと思ってごらん。いまやっている仕事で成功することだけを考えなさい。そうすれば絶対に成功できるから」


この言葉を聞いて私は帰りの新幹線で、いままで10年間、毎月家賃を20万円払ってきたことに、初めて気がついたのです。

1年で240万円、10年で2400万円です。最初から日本で頑張るという覚悟があれば、そのお金で自社ビルは無理でも、小さい建物なら建てることができたかもしれません。とてももったいなかったなと思ったのです。

これからもずっと日本にいるのなら、ちゃんとした建物を建てたい……ほかにも実現したいことがいろいろと頭に浮かびました。

それまでの私は、いつもカナダに帰ろうかな、どうしようかなと迷っていました。

そのときにわかったのは、「保険をかけてはいけない」ということです。もしうまくいかなかったら、こちらの道がある。そう思っているのは、補助輪をつけたまま自転車をこいでいるのと同じことなのです。

いつまでも補助輪に頼ってしまうので、独り立ちすることがなかなかできません。補助輪を取ってもちゃんと自転車に乗ることができるのに、それに気づくことができないのです。

おじさんのアドバイスで、そのことに気づけました。それから先は、もう迷うことはなくなりました。迷いがなくなると、いろいろなことがうまくまわり始めるのです。

目の前の仕事に懸命に取り組むうちに、きっと明確な目標が見えてきて、道が開けてくることでしょう。逃げ道を考えずに頑張ることが、起業にかぎらず、どのような仕事にも求められるのです。

人の紹介やコネを頼りにはしない

日本人は新しい取引先を探すとき、誰かに紹介してもらえないかなと考えがちです。「知り合いや大学時代のネットワークを利用しようかな」「銀行経由で紹介してもらおうかな」「上司のツテを頼ろうかな」、まず、そんなことを考えるのではないでしょうか。

これでうまくいくこともありますが、私の経験では、面倒なことを背負い込んだり、あまりよい結果に結びつかないような気がします。

紹介されたのが、自分としては気が進まない相手であっても、せっかく紹介してもらったのですから、最低限、会ってみなくてはいけません。場合によっては、意に添わない取引をせざるを得ないかもしれません。

それは相手も同じです。

「あの人の紹介だから仕方がない。会って話くらいは聞かないといけないか」

「むげに断ると紹介してくれた人の顔をつぶすから、ちょっとだけ取引しようか」

「トライスチェア」

このように、お互いにあまり望ましくないかたちでビジネスがスタートすることも考えられます。結局、紹介者の存在ゆえに両者が気を使い合い、思うようなビジネスが行えなくなってしまうのです。

私はカナダでの営業マン時代から、そんなことは考えず、とにかく電話したり、直接会いに行ったりしていました。

日本でも、その方法は同じです。わからなければ相手に聞けばいいと思っています。しかし、自分でもどうしていいのかわからず、苦い経験をしたことがあります。

ＪＥＴＲＯとのつき合いが始まった頃の出来事です。

ＪＥＴＲＯが新聞を発行していて、そこには日本に商品を売り込みたい会社が広告を載せています。その中にフィンランドのトライスチェアという椅子の広告がありました。１８０キロの体重の人まで耐えられるという折りたたみの椅子で、私はひと目で気に入りました。

その椅子の代理店になろうと、少し輸入して扱ってみました。しかし、売る先が見つかりません。知り合いのところに持っていくと、一つや二つは買ってくれますが、それではビジネスになりません。

そこで、銀行や会計士、知り合いなどのコネを頼り、提案書を作成して「販売先を紹介していただけませんか」と働きかけました。それでも、なかなか思うような取引先にめぐり合うことはできませんでした

大代表に電話をかければ、道は開ける

こんなよい商品がどうして売れないのだろうと落ち込んでいるときに、アメリカでずっと仕事をしていた経営コンサルタントで、帰国して前橋に住む人を紹介されました。

その人とお会いして、「とてもよい椅子なのに売る場所がないのです。東京のテレビ関係の人に知り合いはいませんか」と相談しました。

すると、その人があきれたように言いました。

「あなたはカナダに8年も住んでいたのでしょう。それなのに、なに言ってるの。どうして日本人はコネばかりを探そうとするの。知り合いのコネに頼ったりするけど、そんなのはあとあと面倒なだけでしょう。

いいモノであれば、知り合いがいる・いないは関係なく、取引をしてくるはず。コネを探すのではなくて、まず大代表に電話をしなさい」

そして「どのテレビに出たいの？」と聞かれたので、私は「フジテレビの番組で紹介してもらいたい」と答えました。

「世界中の珍しい商品を探してきて紹介する『出たモノ勝負』という人気番組です。あんな番組で紹介されれば、この商品は絶対売れると思います」

「だったら、どうしてフジテレビに電話しないの。大代表に電話しなさい」

「でも、知り合いも誰もいないのですけど……」

「その考えが間違っている」と叱られました。

私は次の日、フジテレビの大代表に電話しました。「フィンランドの椅子を売りたいのですが」と言うと、電話に出た受付の人が「それでは通販課ですね」と通販課にまわしてくれました。

代わって出た人に「初めて電話しますが」と言って、また同じ説明をしました。すると、「そういう商品ならアウトドアですね」と言って、今度はアウトドアの担当者に代わってくれたのです。

結果、私は数分後には通販の担当者と話をすることができました。その担当者が「一度来てください」と言うので、次の日に高崎からフジテレビに向かったのです。

そのとき、私は「なんだ、この方法でいいんだ」と目からウロコの気がしました。「コネを探して誰かに紹介してもらう必要なんてないんだ。自分でどんどん電話をすればいいんだ」と、気づくことができました。

おかげで番組で紹介してもらうことができ、何百個も売れました。そして、フジテレビでできたのならほかのテレビ局も大丈夫だろうと、一局ずつ訪ねて、すべてのテレビ局と取引することができました。

それ以来、自分流のビジネススタイルが固まってきたことで、いろいろなことがうまくまわるようになっていきました。

会社の印鑑をめぐる体験

起業して2年目の頃に、アドバイスされたことがあります。それは印鑑に関してです。ちゃんとした印鑑を作らないといけないと忠告されました。

当時は、お世話になっている税理士の先生が持っているビルの部屋が空いていて、そこに間借りしていました。その先生は事業がうまくいっているらしく、ビルがどんどん増築されていきました。

そんな様子を見て、私は「先生、とてもうまくいっているようですが、誰かに相談したりしているのですか」と聞きました。

すると「実は、頼りにしている印鑑屋さんのおじさんがいて、その人に増築の際は相談しているんだよ」と言うのです。「私も会ってみたい」とお願いし、紹介していただきました。

「その人のところに、印鑑を持って行ってみなさい」と言うので、自分の印鑑と会社の印鑑を持って行きました。会社の印鑑とは丸い代表者印のことで、会社を設立するときに近所の印鑑屋さんで作ってもらったものです。

私が持っていった印鑑を見て、おじさんが「これは大変な印鑑を持っているね」と残念そうな顔をしています。どうしてなのか聞きました。

「文字と文字の間がこんなに開いていると、人の出入りが多くて大変だろう」と言うので、思わず、私は「はい」と答えました。

「会社の印鑑は、文字を離さないようにしなければいけないんだよ。それに文字も外側にくっつくようにしないといけない」と言います。そこで、おじさんに印鑑を作ってもらうと、「これであなたの会社はよくなる」からと言ってくれました。

仕事がうまくいく名刺の話

同じ頃に、もうひとつの出来事がありました。

知り合いの人との打ち合わせで、その人が男性を連れてきました。あとでわかったのですが、その男性は有名なお坊さんでした。

男性が先に会社を出て、自分の車のところまで行ったのですが、すぐに私たちのところに戻ってきました。そして言いました。

「どうしても気になったので、このまま帰れない。ちょっとあなたに話をしてもいいかな。

あなたの名刺を見たけれど、お金に苦労しているだろう」

私は「はい」と答えました。ズバリ当たっていたからです。

そのときに私が使っていた名刺は横書きで、住所や名前を真ん中に寄せたセンタリングのデザインになっていました。その名刺を見て言うのです。

「あなたは作家や芸能人ではないんでしょう。会社をやっているんでしょう。経営者がこのような名刺を持っていると、いつまでたってもお金がたまらないよ」

そして「名刺は右下を、しっかり締めなさい」と教えてくれました。

「お金は左上から入って右下に流れるものだから、右下をそろえなさい。そのように名刺を変えれば3カ月もすると効果が出るので、僕の言っている意味がわかるよ。そして、僕の言ったことに効果があると思ったら、できるだけ多くの人に、このことを教えてあげなさい」と言うのです。

「もったいないからといって、いまの名刺を取っておいてはダメだよ。すぐに捨てなさい」と言って帰ってきました。

私はその言葉を信じて、すぐに名刺を作り変えました。

実際のところ、印鑑と名刺のおかげなのかわかりませんが、本当に3カ月ぐらいすると、会社の業績がよくなってきたのです。

私は、この印鑑と名刺のアドバイスを何十人もの人に伝えたと思います。教えた多く人からは、ものすごく感謝されました。

その後は、相手から出された名刺がどんなデザインになっているのかとても気になるようになりました。

作家やアーティストであれば、文字だけ真ん中にあるようなセンタリングでいいとのことです。それは、自分が中心の仕事だからです。しかし、商売はそうではないので、右下をしっかり締めなさいということでした。そして、名刺は格好よさで作ってはいけないとも言われました。

「この人は信じられる」と思ったら……

税理士の先生のビルの話に戻りますが、わが社はビルの3階にいました。数年後、先生がその階を自分で使うことになったため、事務所を1階に移ってほしいと頼まれました。

しかし、1階に入った会社は事業がなかなかうまくいかず、出て行くことが多いのを私は知っていました。そのため、なんとなく気が進みませんでした。

先生もそのあたりが心配になったのか、例の印鑑屋さんにビルを見てもらったのです。すると、「いままで西に向いていたドアを南側に変えれば大丈夫」とアドバイスしてくれました。


ビルを改装し、安心して１階に移ることが決まった後、先生が「ひとつだけ確認することがある」と言い出しました。

「芳子さんは商売がうまくいけばいいのですよね。つまりそれは、ご主人ではなくて、あなたが忙しくなってもいいということですね」と念を押しました。

当時は夫の勤めていた会社が倒産し、夫も会社に転がり込んで来た時期で、毎月の生活費にも困るような状態でした。そのため「私が忙しくても主人が忙しくても、そんなことはどうでもいいんです。仕事さえうまくいけば何も気になりません」と答えました。

「入口のドアを動かすと商売はうまくいくけど、女性がものすごく忙しくなると、印鑑屋さんから言われたんだ」と明かしてくれました。

その３カ月後に、私はＪＥＴＲＯの試験に受かりました。そしてそれ以降、ずっと忙しいままです。

人のアドバイスは、なんでもかんでも聞けばいいわけではありませんが、私が経験した印鑑や名刺、建物の運気や風水的なこともあるということは覚えておいて損はないと思います。

「この人は信じられる」と思ったら、素直に信じることも私はお勧めします。もちろん、すべて信じなさいと言っているのではありません。それでは何をどうしたらいいのか、わけがわからなくなってしまいますからね。

家族に反対されたときの対処法

女性が「起業したい」と言い出すと、だいたい家族は反対すると思います。

それでは、どうしたらいいのでしょうか。本当に難しい問題です。正面からぶつかってしまうと、離婚騒ぎになるでしょう。

結論としては、説得するしかありません。そして、説得して相手に納得してもらうには、自分がどれだけ真剣に起業を考えているかを相手に伝えることになります。

先述したように、私が起業したとき、夫は名ばかりの社長で、実質的な経営者は私でした。夫はほかに仕事を持ち、給料を持ってきてくれました。ところが、その後、その会社が倒産してしまい、悪い言い方をすれば、私の会社に転がり込んできたのです。

しかしその頃、社員に給料を払うと、私が受け取ることができたのは月に20万円から25万円が、やっとでした。夫が失業したため、そのお金で家族５人が暮らさなければいけませんが、できるはずがありません。それまでは夫の給料があったので、私の給料がそれくらいでもなんとかなったのです。

この状態ではどうしようもないという追い詰められた気持ちから、私はＪＥＴＲＯの試験を受けました。この試験に受かり、輸入の専門家になることができれば何かを始めるきっかけになると思いました。

試験に受かると、海外に行くことになります。日本を留守にする期間は、短くても35日、長いと60日以上でした。当時、いちばん下の子供はまだ保育園です。

両親とは同居していない核家族で、夫は料理などできません。子供が通っている保育園は健康にものすごく気を使うところで、ご飯だけは家から持ってきてくださいと言われていました。ご飯は玄米であったり、麦ご飯であったりと、家庭により違いがあるからです。おかずは出してくれました。

試験に受かり、1回目は37日間、日本を留守にすることになりました。でも、夫は朝からご飯など炊いていられないと言います。仕方がないので、炊いたご飯をお弁当の大きさに固めたものを37個作って冷凍し、レンジで温めれば大丈夫なように用意をしました。

真ん中の男の子は、とにかく勉強をしませんでした。そこで、37日分の漢字の書き取り練習帳を私が作っておき、毎日できるようにしました。

近所に住む友だちがスーパーを経営していたので、週に2回は惣菜を家まで運んでもらうようにお願いしました。当時、長女は中学生だったので、3日はアルバイトとして晩御飯を作ってほしいと頼みました。残りの2日は、私の実家の母にお願いだから料理を作ってほしいと頼みました。

そこまで準備をすれば、夫の負担はそれほどでもなくなります。文句を言うレベルも下がってきます。

家族の反対があったとしても、その反対に対して自分が何ができるかしっかり考えて、できることはすべて対処すること。それが、まず基本になると思います。

家族の反対に対して何も対応せず、ただ「やりたい、やらせて」では話は進みません。自分の真剣さを行動で示すことが、家族の説得には欠かせないのです。

「そこまでしてもやりたいんだ」、相手がそのように思ってくれるまで頑張るしかありません。それくらい起業は大変なのです。

私がM&Aで事業を譲渡した理由

2012年、私はM&Aでアペックスの全株式を譲渡して、経営権を売却しました。きっかけは、その3年前に夫がガンになったことです。

そのときは変な噂が立つと困ると思い、特に銀行関係や取引先に知られないようにとても神経を使いました。当時は夫が社長で、私が専務でした。ただし、実務は私が7割を担当、夫が3割という感じでした。ガンがわかった時点で私が社長になり、夫は会長になってもらい取締役を外れてもらいました。

治療も地元ではなく東京で行ってもらい、誰にもわからないようにしました。

そのときに私は、ガンのことはよくわからないけれど、再発や転移の可能性もあるとは思いました。その頃は業績がかなり伸びている時期で、長女も2005年から会社に入っていました。そこで長女に聞きました。

「お父さんが入院したら、私は看病しなければいけない。そのときは1人で会社を見ることができる？」

仕事に関しては、対外的な業務、営業などの実働のエンジン部分は私が担当し、夫は契約関係の確認や海外とのやりとりなど社内での業務を行い、二人三脚でやってきました。娘はそうした仕事ぶりを見て知っています。

「ある程度は私にもこなせるけど、お母さんが担当している銀行との交渉やお父さんが担当しているすべての契約書のチェックなど、その両方はとてもできない」という娘の言葉を聞いて、私は、せっかく会社の業績が伸びているのにどうしたらいいのか悩みました。なにより社員の雇用を確保しなければいけません。

そのときに「M&A、会社の売却もありかな」と頭に浮かびました。

ただし、①自分が仕事を続けることができる、②社員の雇用の継続、③銀行の保証を外すこと、この3点だけはなんとか守りたいと考えました。そして、できれば長女の社内でのポジションも確保したいと思いました。

子供は3人で、女・男・男です。長女と次の男の子とは5歳離れていたので、まずは長女の仕事のことを考えました。

M&Aをしたいと言っても、業績が伸びているので税理士の先生や銀行は反対するでしょう。そこで誰にも相談せず、M&Aのセミナーに参加してみました。

いろいろなセミナーで話を聞いたのですが、最終的には日本M&Aセンターの当時の社長である現会長の分林保弘氏に相談に乗ってもらうことにしました。

状況を詳しく説明すると、「M&Aで会社を売却して、あなたの負担を軽くすることがいちばんいいのでは」とアドバイスしてくれました。また、「今の時代、家業だからと家族全員で1つの会社を経営していくのは、リスク的にも大きすぎる」「業績が伸びているので条件はいろいろ出せる」とも言ってもらえました。

希望の三条件を提示したところ、100社とマッチング、そのうちの10社と面談しました。その結果、静岡の会社、当時は東証二部、現在は東証一部上場のティーライフと資本提携することになりました。

ティーライフにアペックスの全株を買い取ってもらい、私が先方の株をそれなりの株数取得させてもらいました。おかげで、私は銀行からの借入金の個人保証を全部外すことができました。金融機関からの借り入れなどで、娘に連帯保証の負担を負わせることはしたくなかったのでとても助かりました。

先方にはわが社の業績を高く評価していただき、いわゆる「のれん代」もそれなりにいただくことができました。社員の雇用条件もよくなり、とても感謝しています。


銀行からは「どうして売ったのか」と、あとでさんざん恨み節を言われました。

私は、日本M&Aセンターの担当者であった長坂さんから「銀行をはじめ誰にも絶対に言ってはいけない」と念を押されていました。社員に対しては、幹部だけ前日の夜に集めて伝えてくださいとのことでした。そして「最後の最後にお金が振り込まれるまでは何も信用してはいけません」と、きつく言われていました。

当日の朝、先方から人が来て、そこで社員には発表となりました。もちろん、社員は驚きました。私が「何も変わらないから安心して」と言っても「そんなことはないだろう!」という表情をしていました。

M&Aに際して、5年間は私に仕事をしっかりやってくださいと頼まれました。株式を譲渡したので代表権はありませんが、現在も取締役社長を続けています。

その5年も2017年、無事に終わりました。高く評価していただいたことへの感謝の意も込めて、この5年間は一生懸命に働きました。今現在は、「楽しんでできる仕事」をしています。今期は過去最高の売上げ、利益を打ち出しています。

起業をめざすのなら、「ゴール」も考えてほしい

アペックスのM&Aに関しては、譲渡先が上場企業だったので新聞に掲載されました。その記事を見たりしたのか、思いがけない人たちから連絡がありました。昔の知り合いや勉強会などで知り合った人たちです。すごく懐かしい人から電話がきました。

そのほとんどが経営者で、「ビューエルさん、ちょっと時間をもらえますか」と言うのです。なんの話かと思ったら、みんなM&Aについて聞きたがるのです。

「どうやって行ったの？　誰に相談したの？　どうやって売り抜けたの？　どうして会社を売ったのに仕事を続けてるの？」など、みんな興味津々です。特に多かったのが「誰に相談したの？」です。

私は、M&Aという普通の経営者がなかなかできない体験をすることができました。

こうしたM&Aの方法を、経営者でもあまり知らないのが日本社会の現実です。現在、事業承継に関する悩みを抱えている経営者は本当にたくさんいます。私も、それに関する

相談事をよくされます。

事業でもゲームでも、始めるかぎりは終わり方や上がり方も考えておかないといけないのです。この本では、起業の心構えとして「起業のゴール」についても、私なりの考えをお伝えしたいと思っています。

私は2006年に株式会社アルトを設立し、代表取締役に就いています。

アペックスがテレビショッピングのビジネスで成長していくと、いろいろな人が成功の秘訣を聞きに来ました。そこでビジネスの方法をアドバイスしていたのですが、聞いた人は「自分でもできる」と思って始めたりします。でも、そうそううまくいくわけがありません。すると、また教えてほしいと頼ってきたりします。

そうした経験が重なるにつれて、時間の無駄ですし、慈善事業みたいなことばかりしていても仕方がないと思うようになりました。

そこで、本気でビジネスに取り組みたいという人には、お金を払って勉強してもらおうということでコンサルティングの会社としてアルトを作りました。

アルトでは現在、商品開発やコンサルティング、カフェの運営などを行っています。M

＆Aにより、アペックスでは私は代表権のない取締役ですが、アルトはM＆Aには関係ないので、そのまま代表を務めています。

この本で紹介する内容は、多くがアペックスでの体験をもとにしていますが、アルトのことも少し含まれます。ただ、どちらも私の体験なので区別せず「わが社」と表記しています。

3章

起業に必要な心構え、知っておきたいこと

経営者は孤独、誰にも頼ることはできない

大きな夢を抱いて起業しても、7割の人が3年以内に失敗してしまうという現実があります。これはとても大きな問題だと思います。3年というのはスタートアップの時期で、大変なことばかりです。いちばん負荷がかかる時期だと言えます。

そして現在、企業の生存率は5年後で15パーセント、10年後で6・3パーセントと言われています。企業の寿命は非常に短くなっているのです。

まずは起業して3年、そして5年続けることが重要になります。そこでこの章では、まずは5年を目標に起業するため、身につけておくべき心構え、基本的な知識などを紹介していきます。

せっかく起業しても失敗してしまう理由の一つとして、起業した本人の「覚悟不足」もあげられます。日本人には、「人に何かをしてもらって当たり前」という考え方が根強くあります。実家の親や義母に「子供の面倒を見てもらって当たり前」という考えが、どこかにあるのではないでしょうか。

「思う存分に仕事をしたいのに、子供が学校から帰ってくれば育児と家事に時間が取ら

れてしまう。誰にも頼れない。私はかわいそう」というような考えです。少し厳しい表現かもしれませんが、子供を持つ日本人の女性には、そう考える人が多いように思えて仕方がありません。

しかし、起業するのであれば、どんなにつらいことがあっても、事業を継続していかなければいけないのです。会社を経営するということは、その会社を継続させていくことが目的だからです。

起業したからには、「大変だからやめた」「つらいからやめた」と言って投げ出すことは許されません。厳しい状況に陥っても、それを乗り越えていく強さが求められます。

したがって、「私はかわいそう」というような考えをどこかに持っていると、何をやっても成功しないと思います。

このようなことを書くのは、「起業って楽しそう」「あの人にできるのなら、私にもできそう」という安易な気持ちで起業してほしくないからです。

そんな考えの人は120パーセント失敗します。これは断言できます。なぜなら、私が体験したからです。

成り行きで起業したけどれうまくいかず、生活費にも困る毎日でした。どん底の状況から本気で事業に取り組み直し、心機一転、なんとか立て直すことができました。しかし、3人の子供を育てながらの体験は、人に安易に勧められるものではありません。

だからこそ、あえてここで厳しいことを言わせてもらいます。

失敗してしまうのは、精神的に弱いことにも原因があると思います。

日本人は人を頼りにする傾向が強いのですが、欧米ではそんなことはありません。全部自分でやらなければいけません。たとえば出産もそうです。日本では、すぐ母親に助けてもらったり、実家に帰るという話になります。これは日本文化の特色でもあるので、決して悪いというわけではありませんが、起業すると決めた以上は、人に頼ってはいけません。誰も頼りにすることはできないのです。

また、日本では起業をしようとすると、まわりから口を出す人が多くいます。特に女性の場合は結婚していると、夫や夫の親、自分の親、子供の友だちの親、いろいろな人が勝手なことを言います。言うほうは心配しての忠告なのですが、あれこれ言われすぎて、言われた本人も気にしてしまいます。

日本人はとてもセンシティブなので、気にしていると病気になることさえあります。

失敗する理由は、もちろんやり方がうまくなかったこともありますが、精神的な部分も非常に大きいと思います。そのため、続けることを諦めてしまうのです。

会社の規模の大小に関係なく、経営者というのは孤独な存在です。誰も頼りにすることはできません。日本人は集団で動くことに慣れているので、一人で孤独にやっていくことにあまり慣れていません。

経営者は孤独である、という心構えができていないと起業は成功しません。これは肝に銘じておいてください。

起業で味わえる、かけがえのない喜び

私の厳しいアドバイスを読むと、「やっぱり起業は難しいのかな」と思うかもしれません。けれども、起業にはつらさや厳しさをこえる、素晴らしさや楽しさが間違いなくあります。

まず第一に、自分で事業を行っていることには、圧倒的な自由があります。人に左右されない人生を送ることができます。この自由には、なにものに代えがたい喜びがあります。

人生とは、いろいろな面で制約を受けるものですが、少なくとも働き方や仕事内容に関しては自分のやりたいことができます。

実は、これが本当にすごいことなのです。会社が儲かれば、給料（役員報酬）をいっぱいもらうことができます。休みを取りたければ、いつでも取ることができます。サラリーマンであるかぎり、こんなことは絶対に不可能です。

そうした自由を味わうことができるのは、起業した人の特権です。私も身をもってそれを体験してきました。いまでは年に2、3回、長期の休暇を満喫しています。

働く時間を人から拘束されたくない、自分の好きなように働きたいという人は、やっぱり起業をめざしたほうがいいと思います。

この本で私は「起業」と書いていますが、これは必ずしも会社を作るという意味ではありません。人に雇われるのではなく、フリーランスで働くことも含んでいます。「人に雇われないで働く」という選択をすることです。

現在は、在宅でできる仕事もいろいろあります。以前に比べて選択肢がずいぶん広がりました。在宅ビジネスも立派なビジネスです。

そして、自宅で1人で始めたことが、大きなビジネスに展開することもあります。

在宅やフリーランスの人にお伝えしたいのは、「自分のビジネスはこれくらいでいい」と決めないでほしいということです。ビジネスが順調に伸びているのであれば、それを大きくすることもありだと、私は思います。可能性にチャレンジすること、未知なる世界に足を踏み入れてみることをためらわないでください。

先に何が待っているかわからないのであれば、いつでも好奇心を持っていたいと、私は思っています。

カフェやパン屋を開きたい人へのアドバイス

起業の方法として、カフェや雑貨屋を開きたいという女性も多いと思います。ただし、いざ夢を叶えてカフェをオープンしても、儲けを出して店を維持していくことはとても大変です。

飲食関係は、はっきり言って儲かりません。飲食関係で起業するのであれば、家族と一緒に始めることが成功の条件になるでしょう。

たとえば、カフェを1人で始めたとします。普段は1人で大丈夫でも、用事ができて外出しなければいけない場合もあります。風邪で熱が出たら、誰かに頼む必要があります。そうしたとき、気軽に「ちょっと店を見ていてね」と頼める人が必ず必要です。

家族なら気軽に頼めますが、人に頼むのであれば時給が発生します。

では、頼んだ人の時給分の利益を出すためには、どれだけの売上が必要なのか。その計算をしっかり頭に置いておく必要があります。

飲食は儲けを出すことは難しいのですが、ビジネスとしてはきわめてシンプルです。会社を経営していると、毎月、月次報告書を見て、業績や動向を検証しなくてはなりません。わが社では数多くの商品を扱っているので、月次報告書はB4の用紙で7ページぐらいになります。

私はそれをチェックするのですが、なかなか大変な作業です。ただし、カフェであれば報告書の項目がとても少なくなります。

必要な項目は、仕入れ代、人件費、光熱費、家賃、リース代ぐらいでしょうか。提供するメニューの原価率にしっかり注意を払っていれば、経営という面からはあまり難しくありません。

料理を作るのが大好き、人と話をするのが大好き、そして集客がある程度見込める立地にお店を開くことができれば、それほどビジネスの勉強をしなくても、赤字にならず、少しは黒字を出すことも可能かもしれません。楽しく仕事をすることができるでしょう。

ただし、「儲けよう」という目的だと、目的達成は難しいと思います。これがカフェの現実です。儲けを出すには、たとえば自宅を改造するなどして、家賃がかからないようにする工夫が必要です。

家賃が不要で、家族に手伝ってもらうので人件費もかからない。こうした恵まれた条件であれば、それほど苦労せずにカフェを運営することは可能でしょう。

開くのが、カフェではなくお酒も提供する店になると、話はだいぶ違います。なぜなら、売上金額も通常、カフェより多くなり、出すものによっては原価率がぐっと下がるからです。やり方によっては、店全体の利幅が大きくなります。

ただし、夜中まで営業することになりますし、酔っ払いのお客様を相手にすることになります。カフェとは違う苦労がいろいろと増えます。

雑貨屋では、店のロケーションが重要になります。ビルであれば何階にあるかによって売上はずいぶん変わります。

最近は、「パン屋さんを開きたい」と言う女性も増えています。実は、粉ものを扱う商売は利幅が比較的大きいのです。

たとえばイタリアンの店であれば、スパゲティやマカロニは比較的原価率を低く抑えることができます。ただし、肉や魚の料理を提供するとなると材料費が高くなってしまいます。それに生鮮品はロスも出るため、原価率が上がってしまいます。

同じ粉ものでも、お好み焼き屋さんやもんじゃ焼き屋さんのほうが利幅は大きいのです。パンも小麦粉なので、ある程度利幅を確保できます。ただし、パン屋は朝からの営業なので、仕込みを考えると、とても早い時間から仕事が始まります。

それを大変だと感じるかどうかが、ポイントになります。パンを作るのが好きであれば、苦労と感じないかもしれません。

結局は、自分が好きなことを仕事にしなければ長続きはしません。ビジネスとしての利益構造と自分の好きなこと、そのバランスをとることが求められます。

そして、立ち仕事は体に負担がかかります。好きで始めても「こんなに大変だとは思わなかった！」と言って諦める人が多くいることも知っておいてください。

お店を始めるのには、最低でも３００万円から５００万円はかかるでしょう。途中でダメになってしまうと、そのお金は戻ってきません。そのことも十分に考えてください。

また、オンラインショップを開きたいという声もよく聞きます。オンラインショップなら事務所を借りる必要もありません。自宅で可能です。ですから、スタートはしやすいかもしれません。

ただし、実際に商品が動き始めると予想以上に手間ひまがかかり大変です。扱う量が多くないと送料も高くなります。ネットの検索で上位にランキングされないと誰の目にも触れないので、ＳＥＯ対策や広告費にもお金がかかります。

代金の支払いも、クレジットカードでの決済では手数料を負担することになります。

なにより、売れる商品がどんどん変わっていきます。流行のトレンドはあっという間に変化します。

可能性があるとすれば、競合するショップが少ないオリジナル性の高い商品であること、そして高額商品であることが必要でしょう。夢や理想だけでは、オンラインショップはなかなか難しいのが現実です。

起業にかける「思い」をはっきりさせる

どんな形で起業するにしても、どのような思いで起業をするのか、しっかり考えてから起業するべきでしょう。

たとえばパン屋であれば、パンを作ることが好きなので、自分の作ったパンを食べたお客様に喜んでもらえればうれしい、それで満足。このような考えであれば、自宅を改築して小さなパン屋を1人でオープンするのもいいでしょう。

すべて自分で行うことにより人件費はかかりませんが、大きく儲かることもないと思います。赤字が出ない程度で楽しく仕事ができればいい。これも起業のひとつの形です。

幸いにしてお店が流行ったので、もう1件お店を増やしたい。そうなると、新たにお金を投資することになります。人も雇うことになるので、ビジネスとしては大きくなりますが、当然、リスクも大きくなります。

このとき、ビジネスを大きくする道を選ぶのであれば、もう一店舗を増やすという方法もあります。リスクを負いたくなければ、最初の店だけで手を広げないほうがいいかもしれません。自分の考えやあるいは家族と相談して、いずれかを選択をしてください。

店を増やす場合には、ほかにも方法があります。いわゆるフランチャイズとして店の名前やパン作りのノウハウを有料で人に貸すという方法です。

コンビニやファーストフードの飲食店など、フランチャイズとして全国展開している店は数多くあります。そうした店には同じ名前であっても、直営店とフランチャイズのお店の二種類があるのです。

直営店とは、そのお店の本社や本部が直接経営している店です。フランチャイズとは、本社や本部から経営ノウハウを提供され、売上の一部をその対価として支払っているお店です。フランチャイズになることで誰でも知っている店を開くことができ、集客力が大きくなります。そうしたブランド名やノウハウに対してお金を払うわけです。

個人で始めたパン屋であっても、このようなフランチャイズ・ビジネスに発展させることは可能です。初めからフランチャイズのお店を増やそうと考えていなくても、そうしたビジネス展開が可能であることは知っておいたほうがいいでしょう。

あるいは起業するにあたり、初めからどこかのフランチャイズの店を開きたいと考えているのであれば、フランチャイズに関する情報はネットやセミナー等で得ることができますので、自分に合った業種のフランチャイズを勉強してみてください。

1人で仕事がまわらなくなったときは、どうする？

起業をしたいという女性がいるとします。初めは1人でスタートします。事業が順調に伸びてくると、次に大きな問題となるのが、人を雇うかどうかです。

私の場合は、高校時代の友だちを雇いました。なぜなら、それがいちばん簡単な方法だったからです。

私が社長で、彼女が従業員で秘書役という役割でした（実際の私の肩書きは専務で、社長は夫でしたが、夫は会社にはノータッチでほかに仕事を持っていました）。

結論を言うと、友だちを雇うことはやめたほうがいいです。世間の人や取引先の人の見る目は、社長と秘書ではまるで違います。そのことに友だちは嫉妬したのです。

「2人は同級生。自分は彼女から頼まれて手伝ってあげている。それなのに銀行の人やまわりの人は、どうして芳子さんだけを『専務、専務』と呼んで持ち上げるのか」

彼女はそんな気持ちになったのです。そこから2人の関係はまったくうまくいきませんでした。

「友だちなら、給料が少なくても引き受けてくれるのではないか。友だちだから、無理も聞いてくれるのではないか。友だちだから、気楽に仕事ができるのではないか……」

私のほうにもそんな安易な気持ちがあったのでしょうが、本当に大間違いでした。いまでも後悔しています。

私の教訓を踏まえて言うと、赤の他人を雇ったほうが、ずっとうまくいきます。社員として雇うのが金銭的に難しいのであれば、パートとして時給で働いてもらえばいいのです。仕事をちゃんとしてくれて電話応対もできる人、何かトラブルがあっても対応できる人。それがいちばん大切です。私の場合は、彼女に嫉妬心が生まれたことで普段のコミュニケーションもうまく取ることができなくなりました。

その友だちには2年半後にやめてもらいました。私のところで働いたことは、結局、彼女を不幸にしてしまったのかもしれません。やめた後、彼女は「私を訴える」と言い出したのです。

ある日、知らない弁護士から連絡がありました。驚いた私は、知り合いの弁護士に相談しました。すると、思いもよらないことを聞いたのです。

その弁護士は、彼女から「私を訴えたい」という相談を受けていたのです。でも、「2人のことをよく知っているので、そんなことは手伝えない」と断ったそうです。

ようするに、彼女は自分が軽んじられたと腹を立て、もっとお金をもらっても当然だったと考えたのだと思います。

もちろん、彼女の願いがかなうことはありませんでした。

その後、彼女は私と同じビジネスを行う会社を作りました。しかも私の友だちのカナダ人を引っ張り込んだのですが、うまくいくことはありませんでした。

彼女が私に言ったのは、「どうしてみんな、芳子さんだけを特別に扱うのか」ということです。「それは専務と社員の違いだから仕方がないのよ」と、私がいくら言っても、彼女の中には同級生という気持ちがあるためか理解できなかったのです。そんな勘違いをさせてしまったことには、私にも責任があるのかもしれません。

このように、「友だちだから」ということで、知り合いを雇うのはやめたほうがいいというのが、私のアドバイスです。

その後は、仕事を普通にやってくれる女性を雇いました。普通というのは、朝は定時にちゃんと出社してくれる、お願いすればお茶を入れてくれるというレベルのことです。

私は、そんな普通のことをやってくれるだけでもありがたいと思いました。

社会保険という大きな負担に直面

正社員を雇おうと思ったとき、中小企業にとって問題になるのは社員の雇用条件です。求人に応募して来た人には「社会保険に入っていないのですか」と、まず聞かれるでしょう。会社に勤めようと思っている人は、世の中の会社はすべて社会保険に入っていると思っているのです。

小さな企業にとって、社会保険はとても大きな負担になります。会社は、従業員が払うべき健康保険や年金の半額を負担しなければいけないのです。

これが会社にとって、どれだけの負担になるのかは、経験者にしか絶対にわかりません。従業員を1人でも雇用している会社は、社会保険に加入する義務があります。法律で決められています。

しかし、私が起業した頃は、それを守っていない中小企業が多くありました。わが社も最初のうちは加入していませんでした。会社の全体数から見れば、社会保険に入っている会社の割合は少なかったのが現実でした。

そうした現状を踏まえて、数年前からは未加入の会社に加入を促すようになり、現在は多くの中小企業が社会保険に入っています。

加入していない理由は、社会保険で負担する金額が大きいからです。しかし、普通の人はそんな現実をまったく知りません。ですので「社会保険に入っていないのですか」と気軽に聞きます。

「年金はどうなっていますか、退職金はありますか」など、いろいろなことを聞かれます。そこで、私は「国民健康保険に入っている人には、その金額の半額を会社が負担します。国民年金も同様に半額を負担します」と言いました。この約束を社会保険に加入するまで続けました。

そして、会社の業績が少しよくなったとき、中小企業退職金共済（中退共）に加入しました。会社をやめた人には、会社を通さずに退職金が払われるようにしました。

社会保険には入っていないけれど、その代わり儲かったお金はみんなにボーナスで還元しますよというアピールをし、それを実行しました。

現在は、社会保険に加入しないとハローワークに求人を出すこともできません。

法人にするメリットとデメリット

もうひとつ、法人にするかしないかという問題もあります。私は法人にしたほうがいいと思いますが、私の知り合いには、それほど大きな事業にする気はないので法人にしないと言う人もいます。

これは4章で紹介する、ビジョンの問題とも関係してくるのですが、不思議なことに自分の会社はそれほど大きくならないと思っていると、本当に大きくならないのです。自分の会社を大きくしようと思って頑張ると、本当に大きくなるのです。

ただし性格面から、社員を雇って人の面倒を見たくないという人もいます。それはそれで自分の考えなので、いいと思います。これもビジョンの問題です。

しかし、本当は大きくしたいのに、自分にはできないかもしれないので、大きくしなくてもいいと思っているのであれば話は違います。

大きくしたいのであれば、法人にすべきです。中途半端な状態でどうしようかと悩んでいるのであれば、法人にしたほうがいいと思います。

以前と違って、現在は株式会社の設立も簡単になりました。資本金は1円でもできますし、役員は自分1人でも大丈夫です。会社にしたほうが色々な支出を経費扱いにしやすくなりますし、いろいろな意味で法人にしたほうがいいと、私は考えています。

会社の種類として、株式会社のほかに「合同会社」「合資会社」「合名会社」があります。それぞれの特色はネットなどで調べることができます。


自宅でフリーランスで働くという起業であれば、法人にする必要はないかもしれません。しかし、事務所を借りて、いつか人を雇おうと思っているのであれば、初めから法人を考えるのもいいと思います。

法人にすることで自分の中に踏ん切りがつき、「頑張ろう!」という意欲も湧いてくるでしょう。そして、なにより社会的な意味合いが変わってきます。

自営業で1人でやっている起業でも、たとえ従業員がいない1人の会社であろうとも株式会社となると、まわりの人が見る目も違ってきます。

ただし、法人にすることにはメリットとデメリットがあります。

デメリットとしてあげられるのが、先述した社会保険の件です。法人には規模や業種に関係なく社会保険に加入する義務があります。

そのほか、これに関してはネットでもいろいろな情報を手に入れることができます。起業をするのであれば、自分でしっかりチェックしてみてください。

とても頭の痛いのが、税金の問題

もうひとつ、起業につきものなのが税金の問題です

ある年、急に大きな利益が出ました。すると、税理士の先生から「今年は大変だよ。2000万円、税金を支払うことになるよ」と言われました。それを聞いて、私が最初に思ったのは「どこにそんなお金があるの?」です。

どうすればいいかわからないので、先生に聞くと「税金用のお金を銀行から借りるんだよ」との答え。銀行に相談すると「2000万円貸しますよ。ただし、6カ月で返してください」と言われました。

ローンにはいろいろな種類があるので、いま思えば勉強不足のため、銀行の担当者の言うとおりに動いた私が悪いのですが、私にはその「6カ月」の意味がわかりませんでした。あとでわかったのは、税金を払った6カ月後には、今度は予定納税という時期がくるからだったのです。

税金に関して、私がなにより驚いたのは、この予定納税です。会社を始めてからずっと

赤字が続いていたので知りませんでしたが、前年度の法人税額が20万円以上だった場合は、次の年度が始まって6カ月後に前年度の法人税額の2分の1を前払いで納税する必要があります。

2000万円を均等割で6カ月で返すなんて、とんでもなく大変です。

いろいろな知識を得た後に考えると、本当は手形貸付か何かで納税資金を借りておいて、返せるときに返すのがいちばん楽だったのです。しかし、当時はそんなことを知りませんでした。

2000万円の税金を払うと、半年後にはその半額の1000万円の予定納税が待っています。1000万円と言われても、また「どこにそんなお金があるの？」です。

個人でも法人でも、所得金額や法人税額が一定以上になると税金を払うことになりますが、税金を払った後に、法人の場合はさらに予定納税がきます。ときに銀行の口座や自分の財布にはそのお金がない……なぜそんなことになるのか、私には違和感しかありませんでした。

しかし、なくても借りて払わなくてはいけないのです。

利益の出ることが続くと、だんだん経営者として知恵もついてきます。税金を減らすための手立てには生命保険などもあります。ただし、途中で税法が変わったりするので要注意です。

どうしたら、会社に少しでもお金を残すことができるのか？　たとえば、中小企業倒産防止共済があります。これにより利益の先送りができます。そうした知恵をつけていかないといけません。

生命保険も解約すると利益になってしまいます。利益が出ているときに保険を解約すると税金が増えるだけなのです。

はじめのうちは、今年は利益が出るのか出ないのかわからないので、新しいことに投資することもできませんでした。たとえば、コピー機を新しくしたくてもなかなか踏ん切りがつきません。車を買い換えなくてはいけなくても不安です。

心配していてもきりがないので、利益が出ると信じて、上手にお金を使っていくしかないとわかってきました。

また、リースと現金払いの違いもわかりませんでした。儲かっているときであれば、現金で払ってしまえばいいわけです。儲かっていなければ、リースを考えるべきなのです。

だんだんわかってきましたが、誰も教えてくれませんでした。自分で経験して学習し、身につけていくしかなかったのです。

車も、ローンがいいのかリースがいいのかわかりませんでした。そもそもローンとリースの違いがわかっていないのです。

会社を始めて、ずっと赤字が続いていたのですが、幸いにして利益が出るようになり、その黒字が習慣化してくると、今度はそうしたことに悩まされる毎日でした。

銀行から融資をしてもらう場合の利率も、会社の状態によって変わってくることをあとで知りました。交渉によりその利率を下げられることも知りました。銀行の人と借入金の利率の相談をできることさえ知らなかったのです。

でも、普通の人はそんなことなど知らないでしょう。相手から言われた利率を支払うものだと思っていました。

「会社が儲かった」と言って喜んでいるだけではすまないような出来事が、山ほど降りかかってくるのです。とにかくお金に関する悩みが尽きることはありません。それはいまでも同じです。

端から見ている人には「儲かっていいね」と言われるのですが、会社には現金がないのです。私にはその現実を理解することができませんでした。会社は儲かっているはずなのに、現金はないのです。不思議で仕方がありません。

また、社員にボーナスを払うときの査定方法にも頭を悩ましました。そうしたことを相談する相手がいなかったのです。

起業を「誰に相談すればいいの？」

起業しようと思っている人から、よくされる質問があります。「初めに誰に相談したらいいのでしょうか？」です。

たとえば税理士さんに相談するといっても、いきなり知らない税理士さんのところに行くのはハードルが高いかもしれません。税理士さんによって言うことが違うので、どうしていいのかわからないという声も聞きます。

会社を大きくしていこうという意欲があるのなら、私はある程度大きい税理士事務所に相談したほうがいいと思います。税法は常に改正されるので、税理士一人でやっているところよりも、大きい税理士事務所のほうがそうした最新情報に詳しい可能性が高いからです。

これは、弁護士事務所でも同じことが言えると思います。

あまりお勧めできないのは、中小企業診断士に相談することです。私の経験の範囲で言うのですが、中小企業診断士は独占業務があるわけではないため、企業勤めの人が多いのです。つまり、起業をしたことがない人に起業の相談をするのはどうなのかと思います。

お勧めは、信用金庫の融資係です。ただし、どんな人に当たるのかには運・不運があります。信用金庫の融資係は、中小企業の将来を左右するぐらい重要な存在だと思います。悪い人に当たると何も教えてくれませんが、反対に、親切な人に当たると丁寧に色々なことを教えてくれます。

たとえば、事業計画書の書き方を教えてもらうのであれば、銀行の人がいいに決まっています。なぜなら、融資が下りるための書き方を知っているからです。

ただし、あまり大きい銀行だと実績のない中小企業は相手にしてくれないので、信用金庫がいいのです。あるいは、商工会議所にも相談に応じてくれる部署があります。助成金などの相談であれば、地方公共団体の役所も教えてくれます。

法人にするときには司法書士の助けが必要になりますが、私はそうしたことをすべて銀行（信用金庫）の人に相談しました。

法人を作るにあたって、まず信用金庫にあたることは私としてはお勧めだと思います。それも、ひとつの信用金庫ではなくて、いくつかのところに相談してみましょう。

相手の人柄や、自分にとっていちばん親切に対応してくれると思える信用金庫に口座を開き、司法書士や税理士などについていろいろ相談してみるのがいいと思います。

事業計画書の書き方を相談し、応じてくれることは、相手にとっては時間も手間もかかります。つまり、あなたをある程度、信用してくれたということです。そうした親切な人を探すというのが、まわり道のように見えて、実はいちばんの近道なのかもしれません。

ただし、自分である程度勉強することは絶対に必要です。すべて他人まかせでは、起業してもうまくいくことはないでしょう。

質問内容によって、相手にはあなたの勉強具合がわかります。アドバイスに値する質問をすることで、相手も真剣に答えてくれるのです。

4章

会社経営の8割は人とお金の問題

いちばん難しいのが銀行とのやりとり

「会社の経営の8割は資金繰りだ」と、ある先輩経営者がおっしゃっていましたが、まさにそのとおりです。ただ、私としては「会社経営の8割は、お金と人の問題」と言い換えたいとも思います。

会社を経営するかぎり、お金と人の問題で楽になれることは絶対にありません。この章では、それらに関して私の経験を紹介していきます。

会社をめぐるお金の問題で、いちばん頭の痛いのが資金繰りです。なかでも難しいのが、銀行とのやりとりです。経営者にとって銀行とのやりとりは、いちばん重要な仕事のひとつと言えるでしょう。

私が起業した頃は、まだ女性経営者が少ない時代でした。それゆえに大変でした。

会社を始めた頃は、わからないことだらけです。銀行に通って、いろいろなことを教えてもらいました。ただし、地元の銀行は相手にしてくれなかったので、最初は信用金庫とのつき合いから始めました。

起業するとき、取引する銀行はどこでもいいと思っているかもしれませんが、それは間違いです。3章でも書きましたが、小さいビジネスからスタートするのであれば、信用金庫との取引がお勧めです。事業が大きくなれば地方銀行、さらに都市銀行というステップを踏んだほうがいいのです。

もっとも、最初から都市銀行に取引を相談しても、知り合いがいない場合は、けんもほろろに断られるだけです。そんな現実を知らない人も多くいます。

実際、起業塾などで「起業に関してどこかの銀行に相談していますか」と聞くと、地方銀行をあげる人がよくいます。

私が「なぜ信用金庫に相談しないのですか」と聞くと、逆に「信用金庫のほうがいいのですか」と聞かれます。

地方銀行や都市銀行とは違って、信用金庫は地元密着型のサービスおよび中小企業向けのサービスを主な業務にしているので、起業したばかりでも、融資に応じてくれる可能性が高いのです。また、担当者が気軽に相談に乗ってくれたり、小回りがきくというメリットがあるのが信用金庫なのです。

教育者の家庭に育った私は、銀行とは預金をするところで、お金を借りるのは住宅ローンを組むときくらいだと思っていました。そして、もし借りても、なるべく早く返すものだと考えていました。

公務員になった私の妹は、家のローンを短期間で返済し、いまでも「ローンは大嫌い」と言っています。これは、日本人一般によく見られる傾向だと思います。

しかし、会社経営では「借金はしない」なんて言っていられません。金融機関からお金を借りて、それを元手に、いかにして利益をあげていくかが重要な経営手腕となります。自分の持っているお金で何かを成し遂げようと思っても、できることは、そのお金の金額によって制限されます。人からお金を借りることで、より大きなことが可能になるのです。この考え方を身につけないと、会社を大きくすることはできません。

もちろん、返済が不可能な額のお金を借りなさいと言っているわけではありません。

実際問題として、どんな大きな会社でもお金を借りています。そのお金を、たとえば新規事業に投資するわけです。ローンや融資がいけないという考えを持ってはいけません。ただし、融資を受けるのは簡単ではありません。融資には事業計画書が不可欠です。事業計画書の書き方がわからないのであれば勉強が必要です。

事業計画書もそうですが、ビジネスには明確な数字が求められます。そうした数字を作って書類にまとめることにもトレーニングが必要です。ゼロから数字を作り上げていくことが求められます。あるいは、絵に描いた餅になるかもしれませんが、事業には数字が不可欠なのです。

「融資はずっと友だち」、これを肝に銘じてほしいと思います。

「私を担保にしてお金を貸してください」

私が最初に出会った信用金庫の融資担当者は、とても親切な人でした。この人は事業計画書の書き方をはじめ、金融機関と取引するために必要な、基本的なノウハウをていねいに教えてくれました。

3年後くらいにその人の転勤が決まったときは、その後がとても不安になりました。しかし、「もうあなたは1人でも大丈夫ですよ」と言ってもらうことができ、とても安心しました。

その後、会社がなんとか軌道に乗り、「さあ、これからだ」とステップアップのチャンスを迎えました。ところが、そのときの融資担当者が融資を認めてくれず、大変な思いをしたのです。

そのときは、どうしても2000万円が必要でした。でも、貸してもらえません。

融資担当者に必死にお願いするのですが、「調子のいいことを言ってますけど、本当にここに書いてある契約を取ることができるんですか」と、相手は茶化すばかり。

わが社にとって、融資を受けられるかどうかは社運に関わる重大な問題です。もし融資を受けることができなければ、注文してくれたお客様のための商品を仕入れることができません。せっかくのビジネスチャンスをみすみす逃すことになります。


そんなある日のことです。長野県から高崎に進出してきた地方銀行の人が、取引先の紹介でわが社にやってきました。ちょうどいい機会なので、融資をお願いしてみました。

私の話に真剣に耳を傾けてくれたのですが、希望する金額を融資するには、保証人もしくは連帯保証人や担保が必要とのことでした。

私には保証人はいません。資産はすべて担保に入っています。親兄弟や親戚に迷惑をかけるわけにはいかないので、連帯保証人は無理です。あとはローンのある自宅だけです。

すると、「自宅のローンを当行で借り換えることはできますか」と聞かれました。私は「借り換えをするには手数料がかかりますが、それを支払う余力はありません」と答えました。

「それでは、その部分もすべて含めてローンに組み込むようにするので、うちの銀行に借り換えができますか」と言われたので、私は了解しました。

その後、支店長さんとの面談に進みました。支店長さんから聞かれるのはやはり同じで、保証人や担保のことです。

「親には保証人になってもらえません。自宅のほかに担保になるものは何もありません。お金もありません」

そう答えることしかできませんでした。それでも、自分の事業についていろいろ説明していきました。説明しているうちに、私は「こんなに一生懸命説明しているのだから、お金を貸さないほうがおかしい！」とまで思いました。

そして、「私を担保にしてお金を貸してください」と言ったのです。

いま思えば、無茶苦茶なお願いですが、私にしてみれば「これだけ必死なのだから、この意欲を担保にしてもらうしかない」と、真剣に思い込んだ末の発言でした。

すると支店長さんが言いました。

「私自身は、ビューエルさんを担保として十分認めることができますが、残念ながら当行はナマモノを担保に取れないことになっています。その代わりあなたの熱心さを買って、支店長権限で２０００万円を融資します」

この支店長さんには感謝の念しかありません。おかげで会社としても、次のステップに進むことができました。

こうした事業に対する真剣さ、熱心さを理解してもらうことも重要です。

起業塾に参加する人の中には、会社員を続けながら副業として、ちょっとやってみようと考える人もいます。都合よく二股を考えているのです。

おこづかい稼ぎをしてみようという程度なら、それもいいかもしれません。ただし、自分の人生をかけて起業したいのであれば、このような考え方では絶対に成功しないと思います。

私は、なにごとも真剣にやらなければいけないと信じています。起業にはそれくらい強い心構えが必要なのです。

信用保証協会、助成金や補助金の知識も必要

金融機関から融資を受けようとすると、担保や連帯保証人を求められたりします。私が事業を始めた頃のようにそれらがない場合は、中小企業が金融機関から融資を受ける際に、その債務を保証してくれる「信用保証協会」もあります。

そうした知識も持っておいたほうがいいでしょう。

融資を受ける際に保証協会をつけると当然、利子が少し高くなります。しかし、万が一のとき、保証協会に入っていれば負債をカバーすることはできます。保証協会は連帯保証人も不要です。

女性の場合、そもそも借金は悪いことだという思い込みを持っている人も多くいます。お金を借りると言うだけで、家族や親族から猛反対にあうこともあるでしょう。女性は、男性よりもまわりの人にいろいろなことを相談したり話したりするので、反対にあいやすいのです。

「お金が返せなくて自己破産になったらどうするの」、そう問い詰められたりします。だからこそ、自分はこのようにやりたいという起業に対する明確なビジョンが必要なのです。

お金を借りるときには保証協会というものがあり、どのような役割を担っているのか、ちゃんと説明できるようになりましょう。理論武装ができていないと、反対する人に打ち勝つことはできません。

また、現在は新たに起業する人が利用できる助成金や補助金が各種用意されています。起業に必要な資金を全部自分で用意する必要はありません。助成金を利用することもできます。どんな助成金があるのか、自分が利用できるのか勉強をして賢くなってください。

自治体や商工会議所が、助成金に関するセミナーを開いています。

「お金がない。どこで借りよう。銀行で借りよう」。そう考える前に、助成金をチェックしてみてください。最近は助成金を利用する際の手続きも簡単になっています。

ただし、助成金に頼りすぎると、助成金をもらうことに時間をとられすぎて、本業に目を向ける時間が減ってしまいます。現在は助成金専門の士業の方々もいます。助成金に関しては、そうしたプロに相談するという方法もあります。プロに相談すると棚ぼた的な助成金を教えてくれることもあります。

借金が返せないと、最悪どうなるのか……

私の場合は「ビジネスクラブ」を始める前、建築関係の仕事をしているときはとにかく大変でした。会社は債務超過で、自分の給料を満足に取ることもなかなかできませんでした。

そんな会社の状況を知った社員が「自分たちの給料は今月はいりません。ビューエルさんが取ってください！」とまで言ってくれました。当時、社員は２名で、そのうちの１人が経理を担当していたので会社の状況がわかったのでしょう。

私が給料をもらっていないので、どうやって生活していくのか心配になり、２人で相談してそのように言ってくれたのだと思います。

しかし私は、社員に給料を払うことは事業でいちばん大事なことだと教わっていたので、「心配しないで大丈夫。ちゃんとお給料を持っていって」と言いました。

その頃、手元にあるお金が全財産トータルで42万円になってしまいました。そんな不安な状況の中で、私は「これ以上、仕事がうまくいかなかったら、もう夜逃げするしかないのかな」と考えるほど追い詰められました。

「夜逃げをすると、この家はもちろん持っていかれてしまうし、銀行はもしかしたら両親や親戚のところまでローンの返済に押しかけるかもしれない……」

そんなことを考えると、心配で夜も寝られませんでした。

いま考えると、当時の借金は全部保証協会がついていて、借金の総額も1000万円にならなかったと思います。それでも不安で仕方がありませんでした。それは、手元にお金がなかったことに原因があります。

困った私は、税理士の友だちに電話で相談をしました。

「仕事がうまくいってなくて、夜逃げをしなければいけないかもしれない。どうしたらいいのかしら」

「いま、お金はいくらあるの？」

「42万円しかない。ほかには何もない。家も担保に入っている」

「どこから、どれだけお金を借りているの」と聞かれたので、状況を説明しました。

「保証協会がついているのなら大丈夫。銀行が親戚まで取り立てに行くことは絶対にないから安心して大丈夫だよ」

友だちのその言葉を聞いて、ものすごくほっとしました。

「最悪、夜逃げをしたとしても、大変なのは自分たちだけで両親や兄弟、まわりの人に迷惑をかけることはないから、今日から枕を高くして寝ても大丈夫だよ」

そう言ってくれたのです。そして、手元にある42万円を娘の名義で郵便局に貯金することもアドバイスしてくれました。私はそのとおり、郵便局に預けました。

後日談としては、当時は5パーセントくらいの利回りだったので、それをおろすときには予想以上の金額になっていました。

友人のアドバイスを聞いて「大変なのは自分だけで、まわりの人には迷惑をかけない」とわかったことで、頑張ろうという意欲が湧いてきました。肝が座りました。

そんな経験があるので、お金を借りることに対して過剰な心配をする必要はないと知ってほしいと思います。ただし、サラ金みたいなところでお金を借りるのは論外です。

借りたお金を返すことは当然ですが、最悪、返せない場合はどうなるのか。それを考えておくべきです。私の場合は、倒産したり破産したときに自分の両親のところに借金取りが行くことだけは避けたいと思っていました。親に迷惑をかけたくなかったのです。

とにかく助成金や補助金、保証協会などお金の借り方に関しての勉強は必須となります。

資金調達も思わぬ落とし穴にご用心

融資に関しては、クレジットカードなどの支払遅延などによって融資が不能になることもあります。意外に知らない人が多いのが、スマートフォンなど携帯端末の通話料の支払いに関してです。

携帯端末の通話料を銀行口座から引き落とすことにしている場合、この料金には携帯本体の代金が含まれている場合が多くあります。新たに携帯端末を買うとき、本体の料金を最初に払ってしまう人もいますが、多くの人は分割により毎月、通話料と一緒に支払う契約になっています。

したがって、銀行の残高不足により料金の引き落としができないときは、ガスや水道など利用料の引き落としができない場合と違い、本体の支払いができないことになります。これは、銀行からはクレジットカードの引き落としができないときと同じ扱いをされます。

つまり、銀行のブラックリスト（延滞者リスト）に載るきっかけとなるのです。携帯端末のお金なんてと、些細なことのように思うかもしれませんが、この場合は、ただの電話料の遅延ではないのです。あとで銀行と取引をする場合には大きなマイナスになる恐れがあるのです。

また、夫婦が共同で管理している口座があり、そこから住宅ローンが引き落とされることもあります。その口座の残高が1円でも足りないと、ローンは引き落とされません。一度でもこういうことがあると、ペナルティとして、数か月間は新たな融資を受けることができなくなったりします。

夫婦で共同の口座をカード決済等に使っている場合は十分な注意が必要です。

このように会社員ならそれほど注意する必要がないことでも、経営者には、いざというときのために要注意事項があることを覚えておいてください。

会社は、お金がないとやめられない

私は、お金がないと会社をやめられないことを知りませんでした。

債務超過の状態が続いたときには、会社をやめたくて仕方がありませんでした。とにかくつらくて逃げ出したかったのです。

生活費は足りないし、3人の子供もいます。夫はあまり役に立ちません。そのため、そのときには、いつもカナダに戻ってもとの仕事につくか、どうにもならなければ日本食のレストランでウェイトレスでもやりたいと思っていました。

そんなとき、恥を忍んで知り合いの税理士に相談したことがあります。すると、「ビジネスをやめるのにもお金が必要なのを知っているの？」と言われました。私にはピンときませんでした。「事業がうまくいかないからやめると言うのでは、夜逃げと同じだ」と言うのです。

「ただし、夜逃げにもちゃんと準備が必要。本当にうまくいかないのなら、計画倒産という言葉があるように、事前に、できるだけたくさんのお金を会社から引き出して、そのお金で自分が生活できるように準備して倒産するというやり方もある。

でも、あなたの会社にはいま、お金がないのであれば、そうした準備もできないので、もう夜逃げしかないよ。

ちゃんと会社を廃業する場合は、新しい注文を取らないようにしながら、受けた注文をしっかりこなしていかなければならない。当然、その間の給料や家賃を払う必要がある。つまり、お金がなければ会社をやめることができないんだよ」

そう言われて、私は本当に驚きました。会社とは「もうやめた！」と言っても簡単にやめられるものではないのです。そんな基本的なことも知らないで起業をすると、大変なことになってしまいます。

いまの日本社会は多少状況が変わってきたとはいえ、事業に失敗するとあらゆるものを持っていかれてしまいます。敗者復活戦はとても厳しいのが現実なのです。

自己破産について

最近、知り合いの経営者が、事業がうまくいかなくて、会社経営を諦めることになりました。それを聞いて、私は「自己破産をしないほうがいいよ」と話しました。しかし、その人が専門家に相談したところ、「自己破産したほうがいい」とアドバイスされたそうです。

私は自己破産をすると、パスポートもなくなるし、クレジットカードも使うことができない……困ることばかりだと思っていました。ところが最近は、昔と違って自己破産をしても、奥さんなど配偶者のところまでは請求がいかないのです。

自分の資産は取り上げられますが、奥さん名義のものは大丈夫です。昔とは状況が違っています。なので、自己破産したほうが楽だよと勧められたそうです。

親や子供のところまで借金の督促はいかないので、事業を続けることが難しいのであれば、ある程度のところで自己破産という選択も考えたほうがいいように思います。

私も以前は自己破産しないほうがいいと言っていましたが、少し考え方を改めてきています。弁護士さんも自己破産を勧めるそうで、そのほうがその後の生活が楽になるからです。

社員の給料が最優先、その次が取引先への支払い

社員に給料を払うことは、経営者としていちばん重要なことです。

経営者を信頼して勤めてくれているのが社員です。そうであるのなら、決して社員の信頼を裏切ってはいけません。つまり、どんなに会社が苦しくても社員への給料の支払いは優先すべきなのです。

社員にも生活があります。その生活を支える給料の支払いを遅らせたりすることは、信頼関係を裏切ることになります。その場合、大切な会社を支えてくれるいちばん大切な存在を失うことになります。

自分の給料が取れなくても社員の給料が先です。その次が取引先への支払いとなります。

どんな会社にも、取引先に対する「締め日・支払日」があります。起業しようという人

でも、この締め日・支払日、たとえば「月末締めの翌月25日払い」という決まりがあることを知らない人がいます。

取引先は、その支払日によって資金繰りを立てています。つまり、支払いが遅れるということは、相手に対する信頼の裏切りとなります。一度そういうことを行うと、次の仕事を失うことになります。わが社であれば、商品の仕入れができなくなったりするわけです。

資金繰りが苦しくても自分の給料を優先する人がいたりしますが、経営者がとるべき態度ではありません。経営者とは何を優先すべきか、しっかり考えてください。

人を採用する場合には細心の注意が必要

人を採用する場合には細心の注意が必要です。現在、正社員として採用すると、何かトラブルがあっても解雇することはとても難しくなっています。

そのうえ、採用しようと思った人の個人情報を入手することが非常に難しいのです。以前は前の雇用先に電話をして聞くことができましたが、いまは個人情報として何も教えてくれません。

わが社で中途採用した男性の営業マンの話です。

採用後、しばらくすると、ほかの社員からその男性が朝、お酒臭いとクレームがきました。困った私は、以前の勤務先に電話をしてみました。

「このたび、○○さん（その男性のこと）を採用した会社のものですか、少し教えていただきたいのですが」

電話に出た人にそう尋ねました。

すると「えっ、○○さんを雇ったんですか」と驚いたのです。しかし「個人情報なので何も話すことはできません」と言います。

「誰にも言わないので、少しだけ教えてください」と必死にお願いしたところ、「絶対誰にも言わないでください」と念を押されて、やっと少し教えてくれました。飲酒運転で事故を二度起こして解雇されたということでした。

このときは情報を得ることができたから助かりましたが、普通はそうした情報を得ることはできません。「個人情報なので教えることはできません」と断られます。

そこで現在、採用に際しては「ＣＵＢＩＣ」という適性検査を利用しています。このテストを15分ぐらいのテストですが、その人のことを判断できるテストになっています。このテストを受けてもらうと、その人がどんな人か、おおよそは知ることができます。

カナダやアメリカでは、いまでも人を雇う際には「リファレンス」といわれる元上司の推薦状が必要になります。

わが社のスタッフ（ニュージーランド生まれ）の1人が帰国して、ニュージーランドの会社に勤めることになりました。そのとき、リファレンスを頼まれて快諾したのですが、その人がジョブエージェンシーに依頼したため、そこから私に質問が来ました。

その質問に答えるのに3時間ぐらいかかって、大変な思いをしたことがあります。その後、雇おうと思っている会社の社長からも、メールでいろいろと質問をされました。

個人情報を守ることは重要ですが、採用する際にその人の前歴がまるでわからないというのは問題が多いと思います。企業が正社員の採用を減らしていることが日本では社会問題になっていますが、このあたりにもその原因があるのではないでしょうか。

一度採用した社員を簡単に解雇することはできない。それなのに、採用にあたってその人がどんな人かを知ることはできない。経営者の立場からいうと、これではなかなか安心して正社員を採用することはできないのです。

漠然としたイメージを、トレーニングで具体化させる

ビジョンを持つか持たないかで、ビジネスの成長度は大きく変わります。初めは、なかなか具体的なビジョンを持てないと思います。漠然と「こうなったらいいな」という程度のビジョンしか持てないかもしれません。

ただし、この漠然としたイメージを、より具体的にしていくトレーニングをしてください。たとえば、漠然と「成功したい」と思っていたとします。それなら、「自分にとって成功とは何か」を考えます。

お金持ちになることなのか。それとも、いい洋服をたくさん着られるようになること……人によって成功の意味合いは違うと思いますが、自分にとって何が成功なのかを具体化していきます。

「お金持ちとは、いくら持っていればお金持ちなの?」と、起業塾でそう聞くと、みんな考え込んでしまいます。1億円、3000万円、なかには500万円と言う人もいます。金額はいくらでもいいので、具体的な金額のイメージを持つことが大事です。

あるいは「1年後にはどうなっていたいですか」と聞くと、そこでまた、みんな考え込

んでしまいます。つまり、漠然と何かを思い浮かべてはいても、1年後にはこうなっていたい、3年後にはこうなっていたい、5年後はこうなっていたいということはあまり考えていないのです。

ましてや、事業をやめるときにはこうなっていたい、そのときに自分はこうありたいということなど、想像できないでしょう。ただし、先のことをあまり考えていないと、人間はフラフラしてしまいます。どうなっていくのかわかりません。

ビジョンを持ちなさいと言われても、そう簡単に持つことはできないかもしれません。実際、私も最初は持つことはできませんでした。

たとえビジョンを持つことができなくても、夢はあると思います。ビジョンと言うことはできなくても夢でもいいのです。その夢を、そのときの状況に応じて修正していけばいいので、ある程度具体的なものにしていくことが重要です。

なぜなら、具体化することによって精度が高まっていくからです。精度が高まれば、自分の進むべき方向性がはっきりしていきます。このトレーニングを行うことに慣れてくると、徐々に明確な目標を持つことができるようになります。

私の場合を紹介しましょう。私はアペックスとアルトという二つの会社を経営しています。二つの会社を合わせて、どれだけの売上にしたいのか。その数字は状況に応じて修正可能です。誰にどのような役割を与えて、何年後にはこれだけのビジネスに成長させたい……。

こうしたことを考えるクセをつけるようにしましょう。

女性経営者が銀行にナメられない秘策

銀行にすれば、女性経営者にお金を貸しても大丈夫かなという思いが、どうしてもあります。なぜなら、女性のほうが仕事を継続しないリスクが高いからです。結婚や出産、子育てが考えられる年齢の場合は、事業を諦めることが考えられます。

これは経営者にかぎらず、女性全般に言えることです。会社員でも、女性のほうが仕事を諦める動機が男性よりはるかに多いのが現実です。たとえ本人がそのようにしたくなくても、そうせざるを得ない状況になることもあります。

そこで、起業をめざしている女性に求められるのはビジョンです。何歳のときに、自分はどのようになっているか、何をしているのかを明確に描くことです。明確なビジョンを描いて銀行に持っていくことができれば、女性であっても相手はなめることなどしません。

それと、やはり見た目も大事になります。チャラチャラした格好で行けば、信用してもらうことはできません。なんと言っても銀行はお固いところです。相手に信用してもらえそうな格好をしてください。

私の場合は女性ということだけでなく、夫が外国人というハンディキャップもありました。しかも社長は夫で私は専務でしたので、なおさら大変でした。

経営者は、いつでも「(会社は)うまくいっていますよ」という顔をしていなくてはいけません。といっても起業をした当初は、まだ経営者としての経験のない、いわば普通の人です。

そうした普通の人が、いつも「大丈夫ですよ」という顔をすることは、なかなか難しいでしょう。ただし、不安そうな顔をしている人には、誰もお金を貸してくれません。たとえ「したたかな人だ」と言われても、したたかになる努力が必要なのです。

また、人から何かを聞かれても、素直になんでもしゃべってはいけません。

いつも心配そうな顔、不安そうな顔をしている経営者のところには、いい話はまわってきません。自分の気持ちを顔に出さないクセを身につけてください。

「何もわからないこと」も武器になる

いま振り返ってみると、私は「とにかく知らないからできたんだな」と思います。そして、何も知らないから、なんでも人に聞くことができました。

自分で調べることも必要ですが、いろいろなことを調べすぎると頭でっかちになり、恐怖ばかりを感じるかもしれません。そうなると、人は何もできなくなります。

もちろん、自分では何も調べないで人に聞くだけではいけません。ある程度は自分で調べる必要があります。そのあたりのバランスも重要です。

特にいまは、ネットで簡単に調べることができます。昔と違って、なんでもネットから情報を得ることができます。調べすぎてはいけませんが、ちょっと調べれば簡単にわかることは自分で調べるべきです。

現在は、起業するにあたって何を準備すべきかをネットが教えてくれます。以前ならお金を払って勉強をしたり、専門家に聞かないとわからなかったようなことも、ネットで無料で知ることができます。各種の手続きをネットで行うことも可能になっています。

自分で調べる程度の努力をできないようでは、起業して成功することは難しいでしょう。とにかく、現在は起業をサポートしてくれる環境が整っています。

そして、人に何かを聞く場合に大事なことがあります。それは、その情報が無料か有料かということです。情報とは無料ではありません。これは重要な点なので肝に銘じておいてください。

人に聞けば、なんでもタダで教えてもらうことができると、勘違いしてはいけません。情報とは本来、有料なのです。なぜなら、あなたが聞いた相手は、その情報を得るために時間とお金を使っているからです。

もうひとつ重要なのが、お金の使い方です。より詳しく言えば「生きたお金の使い方」です。

お金が必要なときには、ちゃんとお金を使わなければいけません。さもないとビジネスは大きくなりません。情報にもお金がかかるということは、生きたお金の使い方をすることにつながるのです。

5章

ヒット商品はどうやって生まれるのか

「触覚力」を大切にする

「触覚力」とは、私の造語です。

アリが触角をいつも動かして感じ取っているように、私は何かに「ビビッ」とくる感覚を大切にしています。この「触覚力」は、誰もが持っている力だと思います。

人は誰でも、ふと「あれをしたほうがいいかな」と感じたり、思ったりすることがあります。でも、面倒だからと、それをしないままにしがちです。

少しオカルトチックな話に感じるかもしれませんが、そう思ったときには、何か（たとえば宇宙のどこか）とつながっていると、私は考えます。実際、私はそうした経験を何度もしています。そして、この触覚力にしたがったことが成功につながっています。

そのひとつが、大リーグでも活躍した野茂英雄選手に関する出来事です。

大リーグと契約した後、実は野茂選手はトヨタとＣＭ出演の契約を結んでいたのです。ただ、そのＣＭの件はまだ公表されていなかったので、当時の私はまったく知りませんでした。

その頃、ロサンゼルスに住む友だちが、日本で売ってほしいと私にＴシャツをいっぱい送ってきました。その中には野茂選手のTシャツもありました。大リーグに来ることになったので、野茂選手のなら日本でも話題になって売れるのではないかと思って送ってきたのです。

それでも私は「野茂選手のTシャツかあ」と思った程度でした。

その日は、多くの企業の人が集まるミーティングに参加することになっていました。車に乗って出かけようと車のドアを開けたとき、「せっかくだから、あの野茂選手のTシャツを持って行こうかな。いま、話題の人だし」と思ったのです。面倒だなと思ったけれど、せっかくだからと取りに戻りました。

Tシャツを持って会場に行くと、そのミーティングにはトヨタ関係の方も何人か参加していました。すると、その人たちが「ビューエルさん、ちょっと来て」と言うのです。そして「なんで知ってるの？」と聞きます。

私にはなんのことか、まるでわかりません。

「うち（トヨタ）は野茂と契約して、コマーシャルに出てもらうことになったんだよ」

「そうなんですか。全然知りませんでした」と驚くと、「知らなかったの」と向こうも驚きました。

そして、「このTシャツを1000枚注文するので、すぐ届けてよ」と頼まれました。そんな枚数を用意できるかどうか、またまた驚きです。

「やっぱり面倒だから」と、Tシャツを取りに戻らなかったら、この契約を取ることはできなかったはずです。

似たような出来事は誰にでもあるでしょう。普段の生活の中で、「あれをしたほうがいい、これを持っていったほうがいい」と、思うことがあるはずです。にもかかわらず、面倒臭さが先にたち、「まあいいや」と思って実行していないのではないでしょうか。

しかし、私はそうした思いつきは、宇宙のどこかから自分に伝えられたひらめきのようなもので、自分の脳の中から生まれた考えではない、説明することのできない何かであると信じています。

そうした宇宙からの声（あるいは、神様からの声とでも言いましょうか）を聞くか聞かないか、行動に移すか移さないかによって、結果が大きく違ってくるということを、私は何度も経験しています。

思いつきや勘は、成功へのアプローチ

アペックスが上場企業の子会社になったことで、現在、私は毎年予算を提出しなければいけない立場にあります。「今期はこれだけの売上を作り、これだけの経常利益を出します」と対前年を踏まえて、そうした予算の数字を作らなければいけません。

売上は年によって増減がありますが、経常利益はほぼ毎年、決算では私が作った予算に近い数字になります。以前は私が作った数字を見て、経理の担当者や監査法人がよく笑っていました。あまりにも現実ばなれした数字に見えたのでしょう。

実際、私が作った数字にはなんの根拠もありません。しかし、私にはわかるのです。これは長年の経験と勘に基づくものだと思います。勘を馬鹿にしてはいけません。もっとも、最近は私の勘を誰も馬鹿にしなくなりましたが。

いつも「ビューエルさんは、なんでわかるんですか?」と聞かれますが、「なぜかわかるのよ」としか答えようがありません。なんとなくわかるのです。

私は、こうした勘や思いつきを大事にしています。触覚力のところでも書きましたが、「これをしたらいいな」と思ったら、すぐに実行に移しています。

触覚力と同様に、勘や思いつきも成功に結びつく重要なポイントだと思います。

行動の遅い人はなにごとにも出遅れます。経営者としてビジネスを続けていきたいのであれば、何かしようと思ったら、すぐに行うべきです。

「思いついたことは、すぐ実行」

これも肝に銘じてください。

もちろん、むやみに何でもやれというわけではありません。ただ、思いついても腰が重くてなかなか動かない人がいます。それではいけません。

私は本当に勘が重要だと思っています。この勘は、これまでの経験に基づいて自分の中に蓄えられた経験値に裏付けられた勘なのでしょう。経験は必要です。そのためにも、より多くの行動が必要なのです。

自分がいいと思うものより、相手のニーズ

起業したい人へのアドバイスとして、あまりにも自分が好きなことを仕事にするのはやめたほうがいいと、私は思います。

それは、自分が好きなゆえ、専門的な見方をしすぎることがあるからです。ビジネスには第三者的な視点も求められるのに、自分が好きすぎると、冷静で客観的な視点で仕事をすることができなくなります。

もちろん、好きなことを仕事にすることは起業の基本です。自分の嫌いなことに人生を賭けて起業するなど、できるはずがありません。ただし、「好きすぎることは要注意」と言いたいのです。

たとえば、ゴルフ用品を販売するとき、ゴルフ大好きな人がいちばんいい成績を上げるかというと、意外にダメだったりするのです。その理由は、どうしても自分の好みや技量で商品を勧めてしまうからです。ゴルフ初心者に、上級者向けの高級品を勧めたりするなど、買う人のニーズを見誤る確率が高いのです。

商品の向こうにお客様の顔が見えていて、どういう販売ルートに乗せればヒットの可能性があるのかを見通していなければ、空振りに終わります。

私は寝具のことなど何もわからないまま、布団を売っていました。好き嫌いや自分の趣味嗜好に左右されないもののほうが、ビジネスでは成功する確率は高くなると思います。

なぜなら、素直に商品情報を学び、それを実行していくからです。

専門的な見方ができるほど好きなものであると、専門的な目でしか見ることができなくなります。自分自身の意見が強くなり、初心者のニーズを見逃すなど、お客様のことを広い視点で考えることができなくなることが多々あります。

自分の趣味を活かし、マニアックファンだけを対象にしたビジネスをしたいのであれば話は別ですが、不特定多数の人を相手にビジネスをしようと思ったら、客観的な視点を持つことが必要です。

私は軽井沢に店舗を開いたことがあります。その店では、家具やカーテンなどインテリア系の商品を扱っていました。現在は閉めてしまいましたが、4年間運営しました。店舗を持った理由は、ＢｔｏＣのビジネスを経験したかったからです。

私はＢｔｏＢのビジネスばかりに携わってきました。ＢｔｏＢのビジネスでは、バイヤーのことばかりを考えてしまう傾向があります。意識としては、エンドユーザーのことを考えてビジネスを行っているつもりでも、バイヤーの視点が身につくと、それがエンドユーザーの考えとマッチしているか自信を持つことができなくなります。

また、自分としては自信があり、売れると思っている商品でも取引先から断られてしまう商品もあります。

そこで、エンドユーザーの考え方を確認するためにも、自分の自信のある商品を直接売ってみようと考えて店舗を開きました。自分の目を確かめたかったのです。

その結果、4年間で自分の考え方や自分の目がある程度間違っていないことが確認できました。

バイヤーの年齢や性別などによって、どうしてもバイヤー自身の好みが出てきます。それによってはねられてしまう商品があることがわかりました。ですので、バイヤーの意向に気を配る必要もありますが、商品を買ってくれるエンドユーザーはバイヤーの向こう側にいます。エンドユーザーのニーズはどんな商品でも常に確認しなければいけません。

女性ならではの視点を、徹底的に盛り込む

わが社で成功した商品に、高麗人参のサプリがあります。

この商品を最初に相談されたとき、私は「このまま販売すると絶対に失敗するよ」と言いました。その理由は、高麗人参にはもともと男性向けというイメージがあるからです。

「高麗人参のサプリメント」

男性ビジネスマンが韓国に行った帰りに買ってくるお土産だと、多くの日本人が思っています。

その高麗人参をテレビショッピングで売りたいというわけです。つまり、女性に向けて売る必要があります（テレビショッピングの利用者の多くは女性です）。そうであるなら、女性が買いたいと思うような要素をプラスする必要があります。

男性向けのイメージが強い高麗人参を、どうしたら女性にアピールできるか？　いろいろ調べていると、高麗人参の効能のひとつに血行がよくなるという点がありました。

いま、悩んでいる女性がとても多いのは薄毛の問題です。頭皮が見えるような状態になってしまい、本当に多くの女性が悩んでいます。

医者の友人も、最近は皮膚科でとても多いのが薄毛の相談だと言います。特に円形脱毛症などは、本当にかわいそうだと言っていました。

そうした女性には心理的ショックを減らすため、まず付け毛を勧めます。これで、抜け毛に対する心理的ショックをやわらげることができます。男性の薄毛より女性の薄毛のほうが気の毒という話を聞いたこともありました。

担当のスタッフは高麗人参が血行をよくすると聞いたときに、もしかして血行がよくなれば髪の毛が生えてくるのかなと思ったと言うのです。更年期をむかえ、薄毛に悩む人もいます。6カ月ぐらい、担当予定のゲストさんをはじめ、知り合いなどに使ってもらって確かめてみたところ、なかなかよい結果が感じられました。

ただし、もちろん毛が生えてくると言うことなどできません。しかし、使った人は明らかに以前より髪の毛が多くなっていました。

これが、男性用のものを女性用に変える発想のきっかけになりました。男性向けの商品を女性向けに切り替えるのはとても難しいのですが、女性の目線を持つことで解決策が見つかることもあるのです。

ヒット商品は、自分の強みと他者との掛け算で生まれる

「餅は餅屋」という言葉がありますが、これは真実だと思います。つまり、その道のことは、そこでずっとやってきた人がいちばん強いということです。たとえば、どんなによいコンセプトの商品でも、名前だけでは売れなかったり、商品の質だけでは売れなかったりします。

そんなときに、どうしたら売ることができるのか。売れる要素をプラスするためにはパートナー（他の視点）という考え方が必要な場合もあります。

「マクロ美ライス」というヒット商品があります。この名前を考えたのは私で、商標登録も取りました。お米の形をしたこんにゃくですが、これをご飯に混ぜることで摂取カロリーを減らすことができます。

この商品は「こんにゃくごはん」などの商品名で販売していたのですが、いまいち売上が伸びませんでした。

私はマクロビオティックセラピストのライセンスを持っています。そこで、マクロビオティックという言葉も一般に浸透しつつあるので「マクロ美ライス」にすることを提案し

温度調節できる綿を使用した布団「N-keep」

ました。

その結果、ヒット商品に成長できました。もともとある商品が、ネーミングという他者（パートナー）の掛け算が加わることで生まれ変わったのです。

床内温度（布団の中の温度）の調節ができる布団も、同様にヒット商品となりました。

この商品には、その機能で世界特許を取ったドイツ製の綿を使いました。私はドイツで開発されたばかりの綿の新機能に魅せられ、これで何か商品を作ろうと考えていたとき、ある家具メーカーのマーチャンダイザーが「この綿を布団の中身に使うと面白いのでは」と言ったのです。

このひらめきから温度調整のできる布団が生

まれ、いまではヒット商品になっています。これも他者の発想を掛け算したゆえの勝利といえます。

何かモノがあっても、そのままでは売れない。そんなときに「こういう商品があれば」とひらめき、違うものに化けたときにはヒット商品が生まれるのです。

ヒットさせるための仕掛けも必要

1章で、デンマークの寝具メーカーのマットレスを通販会社に売り込みに行った際のエピソードを紹介しました。この寝具メーカーは、社名をヨーク&ラーセン社と言います。私はこの社名で日本に売り込んでも、社名が長いし、日本では馴染みがないし、あまり売れないと思いました。そこで、先方に自社で持っているブランド名を尋ねたところ、「ダンスリープ」「ダンフィル」「ノードスリープ」の三つがありました。

どんなによい商品でも、名前が覚えにくかったり、馴染みがないと、なかなか売上にはつながりません。

ダンフィルは有名ブランドのダンヒルに似ています。聞くと、「ダン」は創業者であるおじいちゃんの名前で、「フィル」は詰め物の意味です。この名前ならブランドのストーリーを訴求しやすいので、私はダンフィルを選びました。

「社名よりブランド名を前面に押し出せば、絶対に売れる！」

この仕掛けは見事に的中。おかげでダンフィルは枕だけで50万個以上を販売し、国内リゾートホテルや旅館にも広く導入されて、わが社の売上を一気に飛躍させてくれました。

ダンフィルを売り出す際に商標登録を申請したのですが、1回目は認められませんでした。

実は、このメーカーの「ドライウォーターベッド」を商標登録したときも却下されました。この商品名にした理由は、水を使わないけれどウォーターベッドと同じ寝心地を感じることができるからです。しかし、却下されました。

司法書士の先生に相談したところ、「ビューエルさん、馬鹿だなあ」と言うのです。

「あなたが申請して却下されたということは、ほかの人が申請しても却下されるということでしょう。つまり、誰も商標登録が取れないのだから、どんどん使えばいいんだよ」

そうアドバイスしてくれました。

誰も登録できないということは、先に言った者の勝ちなのです。そこで「ドライウォーターベッド」を商品名として使うことにしました。

ダンフィルの場合は、ダンヒルに似すぎているという理由で却下されました。

このときも司法書士の先生は「ダンヒルが寝具を扱っていなければ、ダンフィルで登録できる。もう一度やってみなさい」とアドバイスされました。

再度、申請理由をいろいろ書いたところ認められました。

このように商標は重要な問題になるので、ビジネスを展開する時は十分な確認が求められます。

昔のヒット商品も、10年経てば新商品

10年をひとつのサイクルとして、同じ商品がまた売れたりすることもあります。

取引先の社長さんから「この鍋を売ってみませんか」と勧められた商品がありました。話を聞いてみると、10年前に伊勢丹でとても売れた鍋だというのです。その当時、テレビで取り上げられた際の映像も見せてもらいました。

社長からは「10年経てば新商品と同じだから、売ってみれば」と勧められましたが、私は「そう言われても新商品じゃないので売れないのでは」と答えました。すると「そんなことはないよ。10年たてばバイヤーも新しい担当に変わっているので、彼らにとっては新

商品だよ」と自信満々です。

その鍋は「煮る・炊く・焼く・蒸す・燻す」が、すべてひとつでできるという優れものです。しかも土鍋なのに空焚きも可能で、熱いうちに冷たい水につけても割れることはありません。

疑心暗鬼ではありましたが、テレビショッピングで紹介したところ、爆発的に売れました。私には不思議だったのですが、10年前の商品だったので昔を知らない消費者はほとんど見たことがなかったのです。どんどん新しい商品が登場するので、10年前のことなど誰も覚えていませんでした。

そのときは3年ぐらい販売を続けました。販売を終了してからそろそろ10年が経つので、現在、商品名を変えてまた販売を計画中です。

一度売れた商品は、売れる要素を持っています。だから10年後に、少しだけ新しい魅力を加えてみると、また売れるのです。

マイナスの情報からプラスの情報に変えるテクニック

商品が単に店頭に並んでいるだけだと、使ったときにどんなすごいことが起きるのかわかりません。だからこそテレビショッピングでは、目で見て効果をイメージしやすいものが売れるのです。

店頭販売でも説明が必要です。多くの販売員は、商品のよいところばかりを説明しますが、それではお客様に警戒心を抱かせてしまいます。マイナスの情報も必ず開示し、どうしてそのようなマイナス面が出るのか、「それはここにこだわっているから」という情報もあわせて説明することが必要なのです。

ダンフィルでは、まず価格が高いというマイナス面から説明しました。しかしそのあとで、アレルギーのある人でも使えること、医療用寝具として開発されたことを説明することで、売上を大きく伸ばすことができました。

価格が高いことにはちゃんと理由があることを説明し、それをマイナスの情報からプラスの情報に変えたのです。

特に女性のお客様に通じるのはデメリットの部分です。デメリットをセールスポイントにするのです。デメリットを言ってくれたほうが、売り手を信頼できるからです。

「なんでもできます。なんでもうまくいきます」と言っても、信じてもらうことはできません。

一点アピール主義が大切

実は、「なんにでもいい」という商品がいちばん売れません。このことを私が学んだのは、事業を始めてすぐの頃にアウトドア用の椅子を仕入れたときです。

その椅子は、アメリカではアウトドア用だけではなく、カイロプラクティック用としても売れていました。私はその椅子を持って、アウトドア雑誌に売り込みに行きました。

編集部の人に座ってもらうと、みんな「背中がまっすぐになるようにサポートがあって座り心地がいいですね」と好評でした。私は「カイロプラクティックにも向いていて、それ用にも、とても売れているんですよ」と説明しました。

すると、編集部の人が「それをアピールすると売れなくなるんだよ」と言うのです。

「これにもあれにもいいと、よい点をいろいろ言うとアピール点がぶれて、逆に売れなくなる」

そう教えてくれました。そのため、アウトドアだけに絞ってみようとアドバイスしてくれました。結果は、私の予想以上に売ることができました。

セールスポイントが複数あるときは、そのうちのひとつに絞る。その重要性を学ぶことができました。

好き嫌いがはっきり分かれるもののほうが売れる

ＪＥＴＲＯの視察で北米をまわったとき、私は「リー・ミドルトン・オリジナル・ドールズ」という人形に出会いました。リー・ミドルトンは人形の制作者の名前です。リーを紹介してくれたのは、テディベア・アーティストのリンダでした。彼女のテディベア販売に関わったことがあったので、リーはリンダに自分の人形の日本での販売のアプローチをお願いしたのです。

残念ながら、私は人形にまったく興味がありませんでした。生きてもいないものに「かわいいわねぇ」とか「さぁ、いっしょにお外に行きましょう」などと話しかけて、可愛がることに抵抗があったのです。

そのため、リーからの申し出にも色よい返事をしませんでした。すると、リンダから「リーの人形が日本で売れるか確かめてくれるだけでいいの。売れなかったら仕方がない。とにかくこの子たちを日本に連れて行って」と頼まれました。

私は渋々引き受けたのですが、その数日後、リンダからリーが心臓麻痺で亡くなったと電話で聞かされたのです。私は正直、困ったと思いました。リーからの遺言を託されたように感じたからです。

帰国した私を待ち受けていたのは、人形を見た社員の「本気でこれを売るつもりですか⁉」という声でした。

リーの人形は、首がすわっておらず、オムツをしていて体がやわらかい人形でした。しかも、それを抱いた瞬間、人形と目が合うように作られているのです。

それでも取引先にあたってみたのですが「あまりにも個性が強すぎて扱えない」という返事ばかり。もう販売を諦めようと思ったのですが、試しにギフトショーに出展してみることにしました。すると、予想外の反応が返ってきたのです。

「きゃ〜、気持ち悪い」「この人形、恐い」という声の一方で、「この赤ちゃん、なんて

リー・ミドルトン・オリジナル・ドールズを抱く著者

かわいいの！」「本物の赤ちゃんみたい。抱かせて！」という声が聞こえました。この人形ぐらい特色があると、見た人は好きか嫌いか、はっきりと二分されるのです。

そして、好き嫌いがはっきりしているものは売れるのです。

たとえば、ロリータファッションも同様です。あんな格好など絶対にできないという人がいる一方で、好きで仕方がない人がいるわけです。

つまり、好き嫌いがはっきり分かれるもののほうが、売るターゲットがはっきりするので売りやすいということなのです。

女性のお客様に響く売り方がある

女性は実用性だけでなく、プラスアルファの要素として、その商品のストーリー性や付加価値の部分にものすごく惹かれます。

なんといっても、日本社会の消費を支えているのは女性です。テレビショッピングではお客様の9割は女性です。日本には、年間1000万円をテレビショッピングに使うという女性が何百人もいるのです。

私も美容に関する商品であれば、テレビショッピングでは「いま買わなくちゃ」と思ってしまいます。テレビショッピングはほかの小売店には置いていない商品を扱っています。そのため、「ここで買わないと、どこで買ったらいいの？」と思ってしまうのです。

最近は楽天やアマゾンで買う人も多くなっていますが、そうしたところでは扱っていない通販限定商品が、テレビショッピングの売り物になっています。

美容系には、特にそうした限定商品が多くあります。限定と言われると、女性は本当に弱いのです。ついつい買ってしまいます。

扱う商品を検討する際には、この女性の特性を忘れてはいけません。

また、テレビショッピングでは商品の内容だけでなく、誰が商品の説明をしているかで売上が大きく左右されます。つまり、消費者の信頼を得ることがとても大切なのです。これはテレビショッピングにかぎらず、あらゆるビジネスに共通する基本だと思います。

販売方法には、「ハードセル」と「ソフトセル」という二つのやり方があります。

ハードセルとは、商品の効用を単刀直入に訴求し、買うことを強くアピールする販売方法です。一方、ソフトセルは商品のよさを間接的や情緒的に説明し、購入することを強くアピールしない販売方法です。

ハードセルで売上を伸ばしている人もたくさんいますが、私はハードセルがあまり好きではありません。一歩引いた形のソフトセルのほうがいいと思っています。

「いまお買いにならないと」と強く言われると、ちょっとついていけないのです。

6章

女性経営者の心構え、働く母親の覚悟

女性経営者同士でつき合う方法

私が起業した頃は、まだ女性経営者が少ないという現実がありました。それでも、私より数年先輩の女性経営者が、知人のうちに1人いました。その人は私と同じで、3人の子持ちでした。

当時はフリーペーパーが流行り始めた頃で、彼女はまさにその仕事をしていました。私はその人と切磋琢磨しながらビジネスを成長させていったのですが、とてもショッキングな出来事がありました。

彼女と知り合って10年以上経った頃のことです。彼女は旦那さんとうまくいかなくなり、離婚に至りました。3人の子供は私のところと同じような年の離れ具合でした。

彼女の真ん中の男の子が暴走族に入ってしまいました。そのため、彼女もいろいろと大変な目にあいました。下の男の子もその影響を受けて、学校に行きにくくなり、結局、カナダに留学することになりました。

まだ中学生で、その子は私の下の男の子と同い年でした。その頃、私の長女がカナダに留学していたので、長女に「弟だと思って面倒を見てあげてほしい」と頼みました。長女は大学生だったので、人の面倒を見るほどの余裕はなかったと思いますが、頑張って面倒を見てくれました。

あるとき、その男の子の学校の件で、彼女と別れた旦那さんが一緒にカナダに行く必要が生じました。そのときも、友人とその旦那さんを助けてあげるよう長女に頼みました。そして、あとで長女から興味深い話を聞くことができました。

私は彼女が出しているフリーペーパーに、ちょっとしたエッセイを毎月書いていました。彼女から頼まれた仕事ですが、原稿料はもらっていません。離婚はしていましたが、編集は経験のある旦那さんが担当していました。

娘が、時差ボケで眠れないという彼女の別れた旦那さんとバルコニーで話をしていると き、「お母さんの文章はとても面白いからこれからも書くことを続けて、将来は本が出せるようになるといいねと伝えてほしい」と言われたというのです。

実は当時、私も文章を書くことが楽しかったので、いろいろ書きためた原稿がありました。それを一度コンテストに応募しようと思い、彼女に事前に見てくれるように頼んだことがあります。

すると、「芳子ちゃんは素人だからダメよ。いまのエッセイのレベルをみると、コンペなんて無理だよ」と、私の原稿を読む前から言いました。

私は「プロの彼女の意見なのだから、やはり考えが甘かったのか」と思いました。そしてその言葉を素直に信じ、「プロから見たら私の文章なんて、しょせんアマチュアにすぎないんだ」と思って諦めてしまいました。

彼女は「自分が文章に手を入れているので、あなたの文章はちゃんと読めるようになっているのよ」とも言いました。しかし実際は、手を入れているのは彼女ではなくて、旦那さんだったのです。そして、旦那さんは「毎月、私の原稿を楽しみにしている」と言うのです。

娘からその話を聞いて、私はとてもショックを受けました。彼女を信頼していたのに「なんだ、人の足を引っ張っていたんだ」と悲しくなりました。

その後、彼女と私が所属している商工会議所のメンバーの人からある話を聞きました。

彼女が、私のやっている通販ビジネスを真似した事業計画書を作成して数百万円の助成金をもらったというのです。友人いはく、「彼女が通販のことなど知っているはずがないので、すべてビューエルさんから聞いたことだと思った」というのです。寝耳に水の話だったので驚きました。

「結局、彼女はそういう人なんだ」と、やっとわかりました。

私は、人の足を引っ張ることはしません。でも、私とは違う考え方の人がいることを痛感しました。

また、彼女のまわりには女性経営者が何人かいて、よく話をしていました。そうしたときに、その場にいない人の悪口を言うことがあったのです。私はそんな会話には参加しなかったのですが、「私のことを彼女が悪く言っていた」とほかの女性から聞くこともありました。

こうした経験を踏まえると、女性経営者同士のつき合いはなかなか難しいと言わざるを得ません。嫉妬は男性の経営者にもありますが、女性同士になると、さらに難しい問題が生じがちなのです。

これはあくまでも私の経験ですが、あえて書かせてもらいます。

経営者同士のつき合いという意味では、私の場合は男性経営者とのつき合いのほうが圧倒的に多くありました。ですので、余計にそうした女性同士のつき合いの嫌な面を感じたのかもしれません。

男性経営者にも当然、嫉妬やねたみはあります。しかし男性の場合は、女性ほど言葉で表現することはありません。女性経営者の場合、「あの人はこれがダメ、あれがダメ」という批判が、多く感じられて仕方がありません。

とても残念ですが、人を助けたり、誰かを引っ張り上げてみんながよくなればいいのにという気持ちを持つことの重要性をあまり理解していないように感じます。

経営者としての人間関係、特に女性経営者同士の人間関係に関してはそのような思いがあります。ただし、最近は女性経営者も増えてきて、そうしたことも少なくなってきたと思います。

女性経営者から相談されたとき、私自身がされて嫌だったことを紹介して、そのようなことはしないようにアドバイスしています。

私が起業をしてそうしたアドバイスが必要だったときには、残念ながらそれをしてくれる人に出会うことができませんでした。そこで、私のようなつらい思いをする人が1人でも減るようにと願い、この本を書くことにしたのです。

グチをこぼしたくても相手はいない

3章でも書きましたが「社長は孤独」ということを、起業をめざす人は肝に銘じておくべきです。

私はいま週に一度、パーソナルトレーナーからジムで指導を受けています。そのトレーナーは会社を設立したばかりです。私はトレーニングをしながら、トレーナーの悩み相談に乗っています。

トレーナーが「社長って孤独なんですね」としみじみと言うので、私は「そうだよ。孤独だよ」と明るく答えています。

「自分は、ほかのスタッフと一緒にいろいろ考えて頑張っていこうと思っているのに、スタッフは全然そんなことを望んでいない」と言うので、私が「当たり前じゃない、みんながそんなことを考えていたら、みんな社長になっちゃうじゃない」と答えたりします。

「確かにそうですね。ビューエルさんも、そうだったんですか?」

「そうだよ。いまでも孤独だよ」

いつも私とそんなやりとりをしているので、最近は悩みが減ってきたようです。

経営者と社員の違いというのは、経営者にならないかぎり絶対にわかりません。

正直言って、孤独を乗り越える方法はないと思います。孤独なのは仕方がないと、割り切るしかありません。

孤独に耐える覚悟がないかぎり、起業しないほうがいいかもしれません。

アドバイスとしては、そんなときに家族が支えになるかどうかです。家族の絆を大切にしてください。

起業をしてしばらくした頃、私は中小企業の経営者が集まる異業種交流会に入っていました。そこでは何人か親しい経営者ができました。

そういう人たちに悩みを相談すると「助けてあげたいけど、資金的にはできないんだよな」と言ってくれる人もいました。そのなかで印象深いことを言ってくれる人がいました。

「中小企業とは、ちっちゃい船に乗った人がいっぱい海に浮かんでいるようなもの。そばを大きい船が通ると大きな波が立って、船が揺れて転覆しそうになる。

そんなとき、小さな船は仲間の転覆しそうな舟にむかって『頑張って』と言うことぐらいしかできない。そして、もし転覆しそうな船が近づいてきたら、オールをさし出してあげることしかできない」

私は、それが中小企業の経営者なんだなと思いました。助けたいという気持ちがあっても、頑張れと言うことくらいしかできないのです。転覆しそうになった小さい船を助けてくれるような大きい船が近づいてくることはありません。

孤独とは、起業した人には必ず待ち受けている試練だと覚悟しておいてください。

人が増えていくと、会社はどう変わっていくのか

会社を始めて最初のうちは、「自分がいないと会社はまわっていかない」と信じていました。しかし、あるときから「自分がいなくても会社がまわるようにしなければいけない」と気づくことができました。

実は、この切り替えは経営者として、とても難しい問題なのです。従業員が1人、2人、そこから3人、4人と増えていくあたりで、切り替えが必要になると思います。

人が増えてくると同時に、人材育成の問題も重要になってきます。大切なのは、まず自分の代わりになる存在を1人作ることです。従業員が増えるにしたがって、自分の代わりを1人から、さらに2人、3人と増やしていくことになります。

現在、わが社でいちばん古くからいるスタッフは、社歴が25年になります。30年のうちに25年いるわけです。次が15年、10年となります。

会社の年商と社員数を見ると、年商5億円から6億円のときは社員数が10人から12人くらいでした。このくらいの社員数と年商だと、かなり利益を出すことができました。ボーナスを年3回払うことができたほど、効率的な経営が可能だったのです。社員旅行も全額会社持ちで行っていました。いま振り返ると、会社にいちばん余裕があったときかもしれません。

このくらいの規模だと、社員一人ひとりもほかの人に頼るのではなく、自分でいろいろな業務を担当しなければいけないという気持ちを持っていました。しかも、自分が頑張れば頑張るだけ、もらえるお金も増えました。

その後、私は「もっと会社らしくしよう、売上をもっと伸ばそう」と考えました。その結果、年商が倍の12億円になったのですが、そのときに社員も倍の20人で済むかというと、そうではありません。まったく社員の数が足りないのです。30人いないと会社がまわらなくなりました。

その規模になると、会社全体では「お金を生み出す人」と「お金を生み出さない人」に分かれてきます。しかも、生み出さない人の数が増えていくのです。

ただし、お金を生み出す人たちはいままで自分で事務の仕事もしなければいけなかったのですが、事務専門の人にまかせることができるようになります。それでは、その分さらに売上を伸ばすことができるのかというと、そんな単純な話ではありません。

また、私の目の届く範囲の問題もあります。私にとって、どのスタッフとも密な関係を保って、手を抜かずに見ることができたのは、社員が10人くらいまでだと思います。それ以上になると、ある程度、見る部分を決めていかないと無理だと思いました。

現在は社員が2社トータルで45人いますが、全部を細かく見ているとは決して言えません。ある程度は管理職のスタッフにまかせています。私は「ここだけは」という大切なところだけを見ています。

毎日、社員の日報はすべて見ています。日報から見つかる、ちょっとしたトラブルに関して、私は見落としません。そんなときは「大丈夫なの？」というメッセージを送るようにしています。

普段なにもトラブルを書いてこないような人がトラブルを書いてきたときは、私がそうしたメッセージを書くことによって、「（社長は）ちゃんと見てくれている」という安心感を与えることができると思います。

社員とのつながりを大切にするためにも、日報のチェックは毎日怠らないようにしています。

2社トータルで年商30億円は、おそらく近いうちに達成できると思いますが、現在は次の目標を50億円においています。いまはそのように会社を大きくするという目標を立てることができますが、社員が20人くらいのときには、会社を大きくする目標を立てることはできませんでした。

これ以上社員が増えると、自分は社員のことをちゃんと見ることができるのだろうか。そんな不安があったのかもしれません。

しかし、いまは違います。私の代わりに会社の核となる人がしっかりと社員を見ていてくれるので、いまのやり方でうまくいくはず。そうした自信を持つことができるようになりました。

自分がいなくても仕事がちゃんとまわる

社内に、自分の代わりとなる人材を育てることはとても大切です。

私にとって本当に真剣に育てた人材が、現在、6人いるシニアスタッフです。この6人は徹底的に面倒をみました。

私のビジネスに対する考え方も徹底的に教えました。失敗したときの対応方法や謝り方、仕事の根本を教えて、自分の代わりを作ることをめざしたのです。そして今日では、さらにステップアップするために、理念浸透のプログラムをシニアスタッフと共有しています。

話は戻りますが、私が経験したかぎりにおいて、社長が密に目配りができるのは、社員の数が10人くらいまでだと思います。したがって、それくらいの社員数のときに自分の代わりになれる人を作ることにいかに注力するかが重要になります。

それから先は、育てた人たちがまた同じように、私の考えを新しい社員に伝えていきます。

ただし、ここで肝に銘じておくべきことがあります。代理のスタッフが後進を育てる教える際には、私が最初に教えたときと100パーセント同じように教えることはできないということです。その人なりの考え方や経験がプラスされるので、自分の完全な代理人とはなりません。

そして重要なのが、それを認めることです。

自分と同じことを考え、同じことができる人を、もう1人作ることは絶対にできません。経営者はそのことを割り切る必要があります。

どんな会社でも、上司がよく言います。「どうして自分と同じことができないんだ！」と。ここでつまずいてしまうと、その先はありません。人とはそういうものなのだ、と割り切ることが求められます。

ある程度、自分の考え方や行動を身につけてもらえれば、それでよしとするしかありません。重要なのは、社員数が少ないうちにコアスタッフに自分の考え方を徹底的に身につけてもらうことです。

自分をひどい母親だと思ってはいけない

仕事を持っている母親は、専業主婦の人と比べて子供と接する時間が短くなります。このことに負い目を感じて、自分を子供にとってひどい母親だと思ってしまう人がいます。

しかし、そう思う必要は絶対にありません。これはとても重要なことです。

私自身、授業参観に行けないことも多かったですし、ほかにもいろいろとできないことがありました。しかし、自分なりに精一杯やっていれば、それで十分なのです。

昔から、親の働く背中を見せれば子供はわかるものと言いますが、私は、これは真実だと思っています。


知り合いの女性の経営者はお金に余裕があったので、仕事で帰宅が遅くなるときは、子供に1000円札を用意して出かけていました。子供はそのお金でコンビニに行って何かを買って、すぐ使ってしまいます。また、お釣りを貯めてゲームを買うこともできます。

しかし、わが家にはお金がありませんでした。その人のように、子供に1000円を用意することができなかったのです。うちの子供たちは、自分たちで何かを作って食べなければいけませんでした。

あとで長女が「私たちはいつも兄弟3人で家にいた。お金がないので、どこかに行くことはできなかったけど、3人で一緒にいたので寂しくなかった」と言ってくれました。

その頃、夫と私は一度家に帰り、晩御飯を子供たちと一緒に食べて、また仕事のため会社に戻ったりしていました。

そういう両親の姿を見ていたら、弟たちの面倒を見なければいけないと思ったと長女は言います。弟たちもお姉ちゃんが一緒にいるので、寂しい思いをすることはありませんでした。

自分は生活費を得るため、一生懸命に働いているのです。普通のお母さんだったら、この時間も子供と一緒にいられるのに……自分は面倒を見てあげられない。一緒にいられない。だから、ひどい母親だと思う必要はありません。

自分なりに、子供のためにできることを精一杯やっているのだったら、子供にやってあげられないことを考えるのではなく、できていることに目を向けるべきです。

これができた、あれもできたというように、できたことを自分で褒めてあげるのです。そのほうが子供のためにもなりますし、自分のためでもあります。ほかのお母さん、専業主婦のお母さんと比較してはいけません。

ほかの人が生活費をくれるわけではありません。そう割り切って、何を言われても気にしてはいけません。強い気持ちが必要です。

子育てに関しては、私は恥ずかしいことをいっぱい経験しています。

私は親戚一同、ほとんどが教育者の家庭です。子供が小学生のとき、夏休みなので実家に預けたことがあります。

私が仕事を終えてから実家に迎えに行くと、父親がカンカンです。何があったのか聞くと「お前の息子は俺に向かってバカと言った」と怒っています。

原因は算数のプリントでした。

水槽の中に水と岩があり、水槽には金魚が2匹泳いでいる絵が描かれていました。「水槽の中には全部で5匹、金魚がいます。いま何匹、岩の後ろに隠れているでしょうか」という問題でした。

息子は「(隠れているから)見えないよー」と答えたらしいのです。それを聞いた父親が、「こんな問題もわからないなんて、お前はバカか」と言ったのです。

息子はそう言われたことが気に入らなかったらしく、「人のことをバカと言っちゃいけない。おじいちゃんこそ、大バカだ」と言い返したため、父と私の幼い息子は大喧嘩になったのです。

こんなことが頻繁にあるのを親戚中の人が知っているので、「あなたが好きなことばかりやっているので、こんな子供になってしまうのよ」と何度嫌味を言われたことか、わかりません。

でも、子供も大きくなって恥をかけば、自然とそんなことはしなくなります。そんなに心配する必要はありません。大丈夫です。子供はこうでなくてはいけないなどと、あまり神経質になる必要はないと思います。

家族との時間が取れないからこそ、大切にしたいこと

起業すると、忙しくて家族との時間がなかなか取れなくなります。そうした日々の生活で重要だと思うのは、夕食のときにはテレビを見ないということです。

これを実践したことで、私は家族とのつながりを保つことができたと思っています。いまはテレビだけではなく、携帯電話やスマホも禁止対象になるでしょう。

夕食のときにテレビを見ていたり、スマホを見ていたりすると、家族の間でコミュニケーションをとることができなくなります。会話ができません。ただでさえ時間がないのに、そんな状態では絶対にいけません。

わが家ではお金がないことも理由ですが、一人ひとりの勉強机を買いませんでした。そ

のため子供たちは全員、ダイニングの大きいテーブルで勉強をしていました。

子供は3人います。1人でもダイニングテーブルで勉強をしていると、勉強の邪魔になるのでテレビをつけることはできません。つまり、テレビを早く見るためには勉強を早く終えなければいけません。おかげでダラダラ勉強するのではなく、効率よく勉強をするクセがつきます。

いまでは「リビング学習」という言葉があるようです。学習机を子供に持たせず、ダイニングで勉強させるということのようですが、わが家はそのパイオニアかもしれません。

また、週末は家族の日と決め、できるだけ家族全員で一緒に遊べるようにしました。


仕事が忙しくて、家にいる時間がかぎられてしまう。だから、家にいるときは自分のことに時間を使いたい。でも同時に、子供たちには自分のほうを向いてほしいと思うのなら、なんらかの解決策を考えないといけません。

自分で見ることができないからと、子供の好きなようにさせることは、子供にとって決して幸せなことではありません。私は、このようなルールを作ることはとても大事だと思います。

時間がかぎられているなかでも、子供たちと一緒に遊べることを考えてください。

私自身はあまり覚えていないのですが、子供たちに言わせると、いろいろ一緒に遊んだそうです。「お母さんは面白いことをいっぱいしてくれた」と言ってくれます。

熱が出て外に行けないときは、洗面器に雪をいっぱい入れて枕もとに持ってきてくれた。自分たちが言うことを聞かないときにはフランスパンで頭を叩かれた。子供同士が喧嘩をして、いくら言ってもやめないとき、柿の種の袋を開けて頭から子供たちにかけて「片づけなさい！」と怒ったそうです。

私自身、あまり記憶に残っていませんが、こうしたことも子供たちには楽しい思い出として残っています。

ＪＥＴＲＯの仕事で海外に行ったときは、いまならＳＮＳなどで簡単にコミュニケーションをとることができますが、当時はそんなものはありませんでした。

家にはスケジュールを全部書いて、そこには宿泊先のファックス番号も書いておきました。子供たちが描いた絵でもなんでも、ファックスで送れるようにしておいたのです。

いまはＩＴ技術が進歩し、いろいろな連絡方法があり、とても便利になっています。子供が寂しい思いをしないように工夫してみてください。

スマホと連動した見守り機能などもあります。

大切なことは、子供がずっと一人でいるような環境を作らないことだと思います。人はうれしいことがあったときには、それが些細なことであってもそれを聞いてくれて、一緒に喜んでくれる人がいてほしいのです。子供からそうした話を聞いたり、子供に「今日、お母さん、とってもいいことがあったんだよ」と話したりすることは、お互いの活力につながります。そうしたコミュニケーションを大切にしてください。

最近、カナダから来た86歳のおばあちゃんに言われたことです。

アンラッキーなことがあったときに、人と一緒に泣くことは誰でもできる。でも、何かいいことがあったときに、心から一緒に喜べる人は本当に少ない。どうしても嫉妬やねたみの気持ちが働いてしまうから。

一緒に泣いて、一緒に喜ぶ。この両方ができないとバランス的にはよくないし、子供もそのことには敏感なので注意しなければいけない。

私も、本当にそのとおりだと思いました。

「いちばん大切なのは自分」でいい

25年ぐらい前に参加したセミナーで教わったのですが、「ライフボートの教え」があります。3日間のセミナーの最終日でした。最終日なので、みんな仲良くなっています。トレーナーが言いました。

「いま乗っている船に緊急事態が発生して、ライフボートに乗らなければいけない状況になりました。ただし、ライフボートに乗れるのは6人だけです。その場には、もっとたくさんの人がいます。つまり、ライフボートに乗ることができず、船に残ってもらわなければいけない人が出てくるわけです。

さて、あなたは、このセミナーの参加者の誰をライフボートに乗せますか？」

セミナー参加者全員を乗せる人・乗せない人に分けて名前を紙に書き、それぞれの人を乗せる理由・乗せない理由も書いていきます。

そして、自分が書いた内容をみんなの前で発表しなければいけません。3日間で親しくなった全員の前で発表するという、なかなかプレッシャーのかかる問題でした。

「せっかく親しくなった○○さんを乗せるわけにはいきません。理由は○○です」という発表を行うのです。たとえば、Aさんは体が弱そうなので初めに乗せました。Bさんは健康そうだから残っても大丈夫だと思う。そんなことを書きます。

全員が書き終わった後、トレーナーが最初に聞いたのは「自分を乗せましたか?」でした。多くの日本人は、自分が乗りたくてもほかの人に悪いと思って、結局、乗らないのです。そこでトレーナーが言いました。

「自分を乗せなかった人がいると思います。その人は、自分がどれだけ無責任なのかわかりますか。いま乗っている船が沈没しそうだから、ライフボートに乗せて人を助けようとするわけです。ただし、ライフボートに乗せたからといって、その人たちが必ず助かるわけではありません。

この後、何週間、何カ月もライフボートで海を漂うことになるかもしれません。助かる保証は何もありません。もしかしたら、飲み水もないなかを何日も漂流し、苦しんで死んでいくかもしれません。

そのことがわかっていれば、責任感のある人は、まずいちばんに自分が乗るはずです。自分が乗って、どんな困難な目にあおうとも自分が責任をもって、最後まで一緒にライフボートに乗った人を助けよう。そう考えるはずです。

自分はライフボートに乗らないと決めた人は、船と一緒に沈んでしまいます。ライフボートに乗ってみんなを助けようとすることよりも、実はそちらのほうがずっと楽なのですよ」

そのセミナーで教わったのは、「自分を救うことができない人は責任を果たしていない」ということです。つまり、自分を初めに救うというのは決して恥ずべきことではないのです。人間として、とても重要なことだと教わりました。

日本人には譲り合いの精神が根づいています。それをよしとする文化があります。

しかし、起業とはある意味、サバイバルの世界です。このライフボートの状況と同じだと思います。ですから、人から何を言われようと、たとえ「母親としてよくない」と言われようとも、まずいちばん重要なのは自分であり、自分の家族なのです。

このことを常に忘れてはいけません。これを、何があろうとぶれない思いとして自分の中に落とし込むことができると、人から何を言われようと、どんなトラブルに見舞われようとも乗り越えることができます。これはすごく重要なことだと思います。このことが、私の起業家としての人生の中でいちばん重要な学びだったと思います。

子育てと仕事の両立は、本当に難しい

わが社は産後の復帰率が100パーセントです。これは誇れることだと思います。育休を1年とる人はほとんどいません。早い人は3カ月で会社に復帰します。長い人でも10カ月ぐらいです。

産育休に入る社員には、私からお願いしていることがあります。それは、都合のよいときに、会社のメールアドレスに届くメールを確認してもらうことです。

産育休中も、その人が関わっていた業務については、CCで連絡を入れるようにします。それにより自分が担当していたお客様とのやりとりがどのようになっているか、いつでも確認することができるからです。自分の代わりをしてくれている担当者に連絡を入れる必要はありませんが、仕事がどのように進んでいるのかは常に確認できます。

おかげで、自分の仕事から切り離されることはありません。その結果、早く仕事に戻りたいという気持ちが高まるようです。

子供と二人きりで家にいると落ち込みそうになったこともあるけど、仕事のやりとりを見ると、会社と自分のつながりを感じることができてうれしかったと言う人もいます。

子供を預けて働く環境に関して、最近はなかなか厳しい状況にあります。ただし、社内に経験者が多くいるので、いろいろなアドバイスを聞くことができることは大きなメリットになっています。

「妊娠したら、すぐにこの届けを出さないと間に合わないわよ」など、自分の経験を踏まえて先輩が教えてくれます。私が子育てしていた頃とはずいぶん変わっているので、「いまどきはこうしないと保育園に入れないのだ」と驚かされることもあります。

ちょっと前の経験者から最新の情報を得ることができることは、子育てをスタートする社員に大きな安心感を与えているでしょう。

「保育園は4月まで入れない」と言われた人もいます。そうなると、3月までは、どうしたらいいのか困ってしまいます。そんなときも、会社の近くの無認可保育園の情報を教えてもらえたりします。

みんなが助け合うことで、より働きやすい環境づくりができているのはとてもうれしく思います。

育休の1年をめいっぱい使わずに復帰する人が多いのですが、子供は病気になりやすかったり、すぐ調子が悪くなったりします。そうした場合も、本来なら1年休めるのだから、休みをとっても誰も何も言いません。当たり前のことだと受け取っています。

ですが、あまり頻繁だと本人が気後れするので、わが社では1時間から有休を取れることにしています。そうすれば本人も堂々と、少しの時間仕事を抜けて様子を見に行ったり、病院に連れて行ったりすることができます。

ただ、経営者の視点としては、女性を雇用していろいろなことに配慮して仕事を続けてもらうことは、正直な話、大変ですし、手間がかかります。

自分が男性であったり、あるいは女性でも子育て経験のない立場であれば、面倒くさいと思って嫌になってしまうかもしれません。

それでも私が女性に頑張ってもらっているのは、女性の素直さや器用さ、女性の可能性に、男性にはないものがあると思っているからです。その価値を感じているのでいろいろな配慮をしようと思っています。自分の経験もあるからこそできているのかもしれません。

子育てと仕事の両立は、本当に難しいことです。子供はしょっちゅう病気になります。幼稚園や保育園からは病気をもらってきます。思わず「また？」と言いたくなります。

この「また」を「子供は仕方がないよね」という言葉で打ち消してくれる上司の存在が不可欠となります。正直、私も「また休みなの」と言いそうになることはあります。そう思っても、「子供は病気になりやすいんだよね」と言える気持ちの余裕が必要です。

わが社が、女性が働きやすい環境を整えることができているのは、女性の社員数が多いということもありますが、同時に、営業の戦力として必要な存在になっているからです。つまり、実際にお金を稼げる女性なのです。そのため、時間的に融通のきく働く環境が求められます。

たとえば配送業務の担当であれば、その人がしばしば休むとほかの人に迷惑をかけることになります。誰かがその人の仕事を補わないと会社はまわっていきません。

その女性が携わっている仕事が、数字（売上）を作る業務なのか、会社全体をスムーズに動かすための業務なのかによっても働き方が違ってくるのかもしれません。

現在、育休から復帰したばかりでウェブを担当している女性がいます。ウェブの運営はその人にまかせているため、休むと業務に支障が出るので、そのスタッフはなかなか苦労をしています。

仕事と子育ての両立に関して、起業家としては、仕事に対するモチベーションをいかにして維持するのかがポイントになると思います。女性スタッフ活用のためには、会社内で子育てについての理解を共有することが重要になります。

7章

社員を育て、会社を伸ばす仕事力

社員とはフラットな関係を築いてきた

日頃の私とスタッフの接し方は、大学や大学院のゼミみたいな感じになっています。この点は、ほかの会社とかなり雰囲気が違っていると思います。

会社は大きめのワンフロアで、私はその真ん中に座っています。私のところには、私に話したい人がいつ来てもいいことになっています。私は相談されたことに対して答えたり、アドバイスしていきます。社員とはこのような接し方をしています。

私が社員を怒ったり、檄を飛ばしたりすることはあまりありません。

社員が、自分はこんなことをやってみたいと事業計画書を持ってきたり、夢を語ったりしたときには、私はそれをどれだけ応援できるかなと考える経営を行ってきました。そのため、社員とは本当によく話をします。

上司と部下という関係ではなく、フラットな関係を築くことで会社を大きくできたと思っています。社員も「ビューエルさんは自分たちの話を聞いてくれる」と思っているでしょう。その結果として、よい人材に恵まれ、社員のやる気を向上させ、ビジネスの成功、会社の成長につながっていると思います。

(株)アペックスの社員たちと共に

私は、意識してこのような方針でやってきたわけではありませんが、社員やまわりの人から、そう言われることがあります。「ほかの会社では、女性にこんなに多くのチャンスはまわってきませんよ」とも言われました。

最近は減ってきましたが、以前は女性が会社に入ってきても「結婚したらやめるのだろう。子供ができたらやめるのだろう。だとしたら、何年勤めるのだろうか」という目で見られがちでした。そのため、女性に好きなようにやらせる会社が少なかったのです。

また、わが社には社内で人の悪口を言ったりする人があまりいません。社内で泣く人もいません。その理由は、悪口を言ったり、泣ける場

吹き抜けのある開放感あふれるオフィス

所がないからです。

　トイレはユニセックスで、男女兼用になっています。トイレの入口もサロンドアという、スイングする形のドアになっています。お昼ご飯を食べた後は、みんながそこで歯を磨きながらおしゃべりをするような環境です。そして、給湯室にもドアがありません。

　人はドアを閉めて、閉鎖的な空間に一緒にいると、親密感が生まれて普段なら言わないようなことも話してしまいがちです。そこで、そんな環境にならないようにトイレや給湯室にドアを作らなかったのです。

環境を変えて、社員とのコミュニケーションをとる

社員とコミュニケーションをとる機会として、現在は週に一度、「スタッフブリーフィング」を開いています。

スタッフを一人ずつ、朝8時半に私の自宅に呼んで、私がお茶を入れてキッチンで30分くらい一緒に話をします。自宅と会社は近くなので、あえて自宅に呼んでいます。

このときには、会社では言えないことを話してくれたりします。家にいるという安心感、自分一人が呼ばれているという特別感、普段とは違う環境にいることで、会社にいると絶対に言わないようなことも気軽に話してくれます。

私も「何を話してもいいんだよ」と言ってあります。

ほとんどの人は、いま自分が携わっている仕事のことを話しますが、それを聞いた私が「将来の夢は何なの？　プライベートで夢はないの？　今年どこか行きたいところはあるの？　会社で気になるところはある？　いま、やっている仕事のほかにやってみたいこと

はあるの?」など、いろいろ聞きます。

するど、思いもよらない答えが返ってきたりして、普段は知ることのできないスタッフの新しい面が見えてきます。

ほかに「シャッフルランチ」も行っています。これは私の娘の発案です。

私自身は営業のスタッフと話す機会が多くあります。しかし、事務関係のスタッフとはあまり話す機会がありません。

営業と事務のスタッフの間では、お互いを「営業さん」「事務方さん」と呼び合うような関係にあります。そこで、営業と事務のスタッフが一緒にランチミーティングをするようにしています。

時間は、普段のランチよりも長めの1時間半ぐらいです。ファッションの話題や病気の話など、参加者の関心や興味のあることをなんでも話して、お互いを知り合う時間にしています。普段のランチとは違い、特別感のある時間となっています。

これは月に1回、4人ずつ参加します。私も参加しますが、参加者によって話される話題はまったく違ってきます。それが面白くて、私も参加しています。

仕事、仕事と効率ばかりを追っていると、追い詰められてしまいます。たまにはそれを緩めることによって、スタッフの表情が変わってきます。生き生きとしてくることがわかります。

ほかにも月に1回、社内マッサージの時間があります。私とは古いつき合いのトレーナーさんがいて、枕を作るときなどにアドバイスをもらっています。

その人は、自律神経を整えるマッサージを得意にしています。一日中、コンピューターをにらんでいるスタッフなどは自律神経が乱れがちということなので、社員へのマッサージをお願いしています。希望者は、1人最低10分のマッサージを受けてもらいます。

長い人は、もっと長くても大丈夫です。わが社は1時間から有休が取れるので、その時間内で好きな時間だけマッサージを受けてもらいます。

とても気持ちがよく、効果があるらしくて大人気です。そのマッサージは2週間効果が続くということです。みんな喜んでいて、マッサージの後は仕事がとてもはかどると言います。

ほかの会社がやっていないようなことを行うことで、仕事以外での結びつきも強くなると思います。以前ならそうした役割を、仕事のあとの飲み会が担っていたのかもしれません。いままでは会社の人と飲むのを嫌がる傾向もあるので、飲み会以外の催し物やイベントを提供しています。

有給休暇は1時間単位で取得が可能

私は、有給休暇を全部消化できないのなら、1時間でも多く取ってもらったほうがいいと思いました。そこで、1時間から有休を取れるようにしました。

これは5年ぐらい前から実施しています。始めたきっかけは、子育てする親の大変さを少しでも助けてあげようという思いからです。

幼稚園や小学校の授業参観に行きたいという社員が多くいます。あるいは、仕事時間内に歯医者に行きたい人もいます。そんなとき、みんな「ちょっと行ってきます」と言って、本当に申し訳なさそうに仕事を抜けるのです。

体を小さくして出ていく姿を、よく目にしました。そうした人の有休の残りを見ると、20日以上あったりします。それなら、みんなが正々堂々と仕事を抜けることができないかと考えました。

そこで、1時間単位で有休を取れますと就業規則を改めました。

これで仕事を抜けるときも、体を小さくして出て行く必要はありません。みんなも「いってらっしゃい」と送り出すことができます。

この制度を導入したところ、奥さんの出産に立ち会った男性社員もいます。授業参観も、前もって届出をしてあるので楽しそうに「行ってきます」と向かいます。そして2時間か3時間、子供との時間を過ごして会社に戻り、また仕事に頑張っています。

事前にわかっている場合は申請しておきますが、急用で取ることも可能です。自分の仕事に支障がないこと、まわりの人に迷惑をかけないのであれば、当日でも大丈夫です。

夏の休暇は3か月前から受けつけているので、早く言ってきた人からスケジュールを決めることができます。社歴の古い・新しいは関係ありません。

お茶くみは男女平等なので、順番にまわってきます。役職の上の人もお茶くみをしています。

社員の士気をあげるためのアイデア

わが社では、社員の士気をあげ、社内の風通しをよくするため、いろいろなことを実行しています。そのいくつかを紹介しましょう。

・誕生日カードは手書きで送る

これは会社を始めてしばらくした頃から、ずっと続けています。みんな楽しみにしているので、私がメッセージを手書きしています。

・賞与は現金で手渡し、個人面談をする

賞与の日は1日じゅう、朝から晩まで私はそれだけを行います。たまには現金の重みを感じてほしいので、あえて現金で渡しています。ただ、キャッシュレスに時代は進みそうなので、どうしようかなとは思っています。面談の時間は1人10分程度で、長い人でも20分くらいです。

・素晴らしい行動のあったスタッフには社長賞を贈る

少し前、経理の男性スタッフが、宅配業者が会社にオーバーチャージしていることを見つけてくれました。3年にわたり800万円も余分に払っていたのです。弁護士に相談したところ、480万円が戻ってきました。その社員には社長賞として金一封を出しました。

・スタッフからの提案はできるだけ取り入れる

これは事業計画書のことです。内容としては、みんなが自分のやりたいことを提案してきます。たとえば、小売専門でダニ予防のシートをＯＥＭで作りたいという提案がありました。試算表も同時に持ってきたので、これくらいの予算ならリスクもなんとかなるとＯＫを出しました。サプリメントを作りたいという提案も、しばしばあります。

私は、「○○をしてみたい」という社員の気持ちを大事にしています。良い悪いではなく、提案したいという気持ちを評価することで、もっと頑張ろうという意欲が生まれてくるからです。

・展示会や出張、業務が多いスタッフには「お元気さまメール」を送る

「お元気さまメール」とは、応援メールのことです。応援メールを送る習慣がわが社にはあります。

テレビショッピングに出るときには「頑張ってね」とメールを送ります。放送後には「いい感じのオンエアでしたね」というメールを送ったりします。真夜中の生放送もあるので、出演しているスタッフには励ましになります。2、3行でいいので、感謝の気持ちを直接伝えることが大切なのです。

・スタッフの誕生日をみんなで祝う

誕生日のプレゼント用に、社員全員が毎月200円ずつためるアペックス基金を作ってあります。年の初めに、くじ引きでプレゼントを渡す人を決めて、その人が2000円以内のプレゼントを用意します。

女性スタッフと男性スタッフの違い

男性と女性を比べると、比較的、女性のほうが仕事を真剣に受けとめ、頑張らないといけないという気持ちを強く持っているように思います。

男性は仕事を生涯続け、家族を養っていく役割を担う場合が多く、マラソンランナー的に仕事を受けとめているぶん、女性ほど熱くならないのかもしれません。

また、女性で注意すべき点は、更年期障害の問題です。私はセクシスト（性差別主義者）ではありませんし、男性にも更年期障害があるのを知っていますが、女性のほうが顕著です。わが社にも1人、かなり症状が重くて業務に支障のある人もいました。これは人によって違うので、少し注意が必要かもしれません。

男性の経営者からは、女性同士の嫉妬や足の引っ張り合いを心配する声をよく聞きます。しかし、わが社では、そうした問題はほとんどありません。もしかしたら、忙しすぎてそんなことを気にしている時間などないのかもしれません。

暇な時間があると、そうした些細なことが気になってしまうのでしょう。つまらないことを言ったり、考えたりするのです。たとえ誰かがそうしたことを口にしても、自分が忙しいので相手にしている時間などないのです。

仕事をちゃんとやっている人、数字をあげている人への評価をしっかり行っていれば、そうした問題が起こることはあまりないと思います。

わが社の男性スタッフを見ていると、守りのタイプが多いように感じられます。たとえば、どうしても売らなければいけない商品があるとします。そんなとき、女性スタッフは「はい」と言って、すぐ売りに行きます。そして「こういう商品です」と、どんどんアピールします。

しかし、男性は「はい」とは言うのですが、その商品をずっと見ていたりします。そして、「この商品をあそこに持って行っても断られるだろうな。あのバイヤーは絶対に好きじゃないだろうな」などと、自分で決めてなかなか動けない人もいたりします。

ただし、こんなときに「だからダメなのよ」と言ってはいけません。「こうすればいいんじゃないかな」というアドバイスが必要です。なぜなら、人それぞれにプライドがあるからです。これは、男性でも女性でも同じです。

私は、営業では男性と女性を組み合わせるようにしています。ものすごくアグレッシブな女性スタッフと守りの傾向が強い男性スタッフを組み合わせて営業を担当させると、意外にうまくいきます。もちろん、性格が対照的なのでぶつかりあったりしますが、自分にはない考え方や行動を目にすることによってうまくいくのです。

ミスにはすぐ対処して、逐一連絡を入れる

この本を書こうと思った理由のひとつに、女性が起業する際に、する必要のない失敗をしないでほしいという思いがあります。

ただし、失敗することによって人間的に大きくなれることも真実だと思います。

誰でも、失敗したときには逃げ出したくなるでしょう。私が社員にいつも言っていることは、何かミスしたり失敗したりしたのであれば、すぐに対処して逐一連絡を入れること。

これだけは守るように伝えています。

逃げたい気持ちはよくわかりますが、絶対に逃げ出してはいけません。逃げ出すと、もう次はありません。


社員にも言っていますが、すぐに対処することを習慣にするのです。逃げ出したいと考える前に、すぐに対処すること、行動することを習慣にしてしまうのです。それが習慣になれば、失敗やミスを恐れる気持ちもなくなってきます。

「どうしたらいいだろう」とクヨクヨ悩むよりも、謝ってしまったほうが、ずっと楽なのです。逃げたり電話に出ないというのは、いちばんやってはいけないことです。

５００円罰金制度と始末書

スタッフが多くいると、なかには日報をサボったり、１人くらいわからないだろうという気持ちから、行うべきことをやらない人も出てきます。そういう場合の罰則には、残念ながらお金がいちばん効果的です。

わが社には「５００円罰金制度」があります。１００円や２００円では罰金になりません。500円ぐらいが、ちょっと痛くて罰金になります。

6ヵ月間、日報を出さない人がいました。いつ謝ってくるのかなと思っていたのですが、とうとう6ヵ月間、なにも言い出しませんでした。6ヵ月というと、6万円強の罰金となり、以後、一度も日報をさぼらなくなりました。

現在は、その日に日報を出さなくても翌日のお昼までに出せばいいことになっています。それに遅れると500円の罰金です。

この500円は、会社がもらうのではありません。社員が持ち寄る基金に入ります。いままででいちばん払った人は1年で3万8000円になっています（前出の6万円にものぼる罰金を負けたのがこの額です）。基金というのは、社員が毎月200円ずつ出し合って、冠婚葬祭や誕生日に使うお金のことです。

始末書には、甲と乙の二種類があります。甲が軽いほうで乙が重いほうです。甲は3000円の罰金、乙は1万円です。この罰金も基金に入ります。

最近は社員がお金持ちになったのか、3000円だと「すいませんでした」と軽く言って罰金を払っています。そんな様子を見ると、私は頭にきてしまいます。「この社員は全然悪いと思っていないだろう！」と。

始末書を書く基準は、会社に対して損害を与えたかどうかです。出荷ミスや全品返品などです。テレビショッピングのオンエアができなくなってしまったりしたときは、在庫の売り逃しになり、大きいダメージがあるので、乙の始末書の対象になります。

ミスをしたときには、とにかく、まず謝ること、報告させることを徹底させなければいけません。それにはやはり、たとえ少額でもお金が伴ったほうが効果があると思います。最近の若い人には、お金が伴わないと響かないような気がするのは私だけでしょうか？

日報は、その日の出来事だけでなく、今日の反省点や明日やろうと思っていることなども書いてもらっています。一般社員は自分の上長・課長にメールで送ります。課長はそれを読んで、返事をしたりします。

課長は、その上の部長に自分の日報を出します。私だけは全員の日報が読めるようになっています。

接待は情報交換をする大切な仕事

いまの20代には、会社の人と一緒に酒を飲むなんて絶対に嫌ですと言う人がいます。ましてや、取引先の人と飲むなんてとんでもないと言うのです。

私はそんなものではないと言いたいのです。積極的にしょっちゅう飲みに行きなさいとは言いません。でも機会があれば、たまには一緒に飲んだほうがいいと思います。

「お酒が苦手」と言い訳をする人は、勘違いをしているのだと思います。もしかしたら、その場で自分も楽しもうとしているのではないでしょうか。取引先と飲むということ、接待というのは、相手をもてなすことなのです。自分はつき合い程度で、ほとんど飲まなくてもいいのです。

接待の目的は、お酒を飲むことではなく、日頃の感謝をこめて相手をもてなすことにあります。仕事の場ではなかなかできないような会話を通して情報交換をするのです。この目的さえちゃんとわかっていれば、お酒に強い・弱い、お酒の席の好き・嫌いは関係ありません。

「接待が嫌いです」と言うのは、「私は仕事が嫌いです」と言っているのと同じです。こうしたことをていねいに教えないと、若い人には話が通じません。

おそらく、接待という言葉を聞いただけで、勘違いしてしまうのでしょう。相手にお酒を勧めて、場を盛りあげてご機嫌を取らなければいけない嫌な仕事。そんなふうに思ってしまうのではないでしょうか。

接待とは、仕事上で必要なコミュニケーションの一つの場なのです。

いまでは昔ほど接待の機会も多くありません。飲み会の回数も本当に減ってきました。でも、たまには必要です。日頃の仕事だけでは得られない情報を得ることができる貴重なチャンスなのです。

「質問力」を鍛える

若い人には、質問下手の傾向も見られます。話のふくらませ方がわからないのです。

お客様のところにうかがい、挨拶を終えて座ると、すぐに提案書を取り出して商品の説明を始めます。特に生真面目な女性に多いかもしれません。

たまに営業に同行すると、「こんな営業をしているの⁉」と私は驚くばかりです。

「どうしてすぐ本題に入るの？　その前に何か話をしないの？」と聞いても、「なんの話をしていいのかわかりません」と答えます。「時間の無駄ではありませんか」と言ったりもします。

そういう問題ではないと私は思いますが、驚かされることばかりです。

だらだらと世間話をしなさいと、言いたいのではありません。まずは相手の話を聞くことから始めるのが、営業の鉄則なのです。なぜなら、相手の会社の現状やニーズなどの情報がなくては、的はずれな営業になってしまうからです。

ある程度は事前に調べることもできますが、直接会って話をしてみないと、本当のところはよくわからないのです。そこで、自分が聞きたいことを整理しておいて、上手に話を引き出せるように質問を投げかけていきます。本番の営業トークに入る前の準備体操として、そうした会話が必要です。

相手から情報を引き出すには「質問力」も求められます。ありきたりの質問には、ありきたりの答えしか返ってきません。より有益な情報を引き出すには、相手が答えやすいように工夫して質問をしなければいけません。

たとえば看護師さんは、患者さんの様子を見て、いろいろな言葉を投げかけながら体の状態を把握し、担当医に伝えることが大切な仕事になります。的確な治療が行えるように情報収集をするわけです。

ビジネスでも同じです。たとえば主婦の方に商品のモニターを依頼し、その感想を聞くときです。「商品の使い心地はいかがでしか?」「どんなところによさを感じましたか?」と聞くのが、「質問力」の足りない人です。

「あなたのお困りごとに、この商品はしっかりと応えられましたか?」

「いままでの無駄な時間や手間が省けましたか?」

このように質問すると、相手は「使い手の立場で考えてくれている」と感じ、進んで話してくれるようになります。一歩踏み込んで、具体的に質問することが大切なのです。

人には借りではなく貸しを作っておく

最近は、人に貸しを作ったり借りを作ったりすることの意味を理解できない若い人もいるようです。それは、人に何かをしてもらって当たり前と考えているからです。

人に何かやってもらうと「ありがとうございます」とは言うのですが、それをとても軽い感じで言います。「タダより高いものはない」とよく言いますが、その意味がわからないのです。

私は、人から何か頼まれると「はい、はい」となんでも行ってきました。しかし、自分のほうからはあまり頼みごとをしませんでした。そのため、いざ私が頼むと、みんなが力を貸してくれる。そういう話を若い人にしています。

「取引先の人から何か頼まれごとをされたら、できるかぎりのことはしてあげましょう。でも、見返りを求めてはダメ。貯金をしたと思いなさい。そして、自分の方から気軽にお願いごとをしてはいけません」

スタッフには、いつもこう言っています。

普段から、「あれをしてほしい、これをしてほしい」と言っていると、だんだん人は動いてくれなくなることを、教えないといけない時代になっています。

朝礼でも話をします。「英語でもギブ・アンド・テイクと言うように、ギブが先でしょう。テイクはあとでしょう」、このように教えないと、ギブ・アンド・テイクを物々交換と同じと勘違いしている人もいるのです。

8章

ピンチを乗り切る自己管理力

私が直面した最大のトラブル

私が遭遇したいちばん大きなトラブルは、飛行機をチャーターせざるを得ない状況に追い込まれたことです。

あるテレビショッピングで、ラクダの毛で作った掛け布団を販売する特別番組がありました。1日で1億2000万円くらいの売上が見込めるイベントでした。

私が外出先から会社に戻ると、男性スタッフが目に涙を浮かべて「大変なことになりました」と言います。その日は金曜日でした。

事情を聞くと、掛け布団にはシングルとダブルの商品があったのですが、シングルのほうは問題ないけれど、ダブルが自分の計算ミスで数が足りませんと言うのです。

どれぐらい足りないのか聞くと「800枚」との答え。「えっ、800枚！」と私も驚きました。1枚が2万4000円くらいの商品です。必要な数は3400枚くらいだったと思いますが、800枚も足りないのです。シングルは8000枚ぐらいあったと思います。

急いでテレビ局に連絡を入れたところ、担当者からはものすごい声で「オンエアを飛ばす」と怒鳴られたと言います。

番組を飛ばされてしまったら、届いている商品も売る場所がなくなってしまいます。1億円以上の損害になり、まさに倒産の危機です。

あわてて製造元の会社があるデンマークに国際電話を入れて、先方の社長に事情を説明しました。番組の放送は来週の木曜日です。

先方の社長は「まだ材料があるので、いまから作って送ってあげる」と言ってくれました。ですが、通常どおりのペースでデンマークで作って送ってもらっても、来週の木曜日に間に合いません。そこで先方は、なんとか間に合うように残業して頑張ることを決めてくれました。

デンマークの人は残業をほとんどしません。そう言ってくれるなんてとても珍しいことです。

結局、すぐに作ってもらい、それを航空便で送ってもらうことになりました。航空便なので輸送料は高くなりますが、倒産の危機を免れる方法はそれしかありません。

テレビ局の担当者に、大至急デンマークで作って航空便で運ぶ旨を連絡しました。相手は、何を馬鹿なこと言ってるのと怒るだけです。「今日が何曜日だと思ってるんですか」と言うので「金曜日です」と答えました。

「来週木曜日に間に合うの！　間に合うわけないじゃない」と怒りは収まらないので、私は「間に合わせます」と言うしかありません。なんとか、いまから社内で会議をしてみると言ってもらえました。

最初のオンエアが、木曜日から金曜日に変わる夜中の12時です。次のオンエアが金曜日の朝8時です。会議の結果、朝8時からのオンエアが終わる金曜日の朝9時までに、不足分の800枚が成田に到着していなければ、それ以降の放送は飛ばすことになりました。

私のほうは、「いまデンマークの工場からトラックに乗りました。」「フランクフルトの空港に着きました。」「シンガポールに着きました。」「シンガポールを離陸したので次は韓国です。」「韓国の後は日本に到着します。」そうした状況を逐一伝えました。しかし、相手は「はい」と冷たく言うだけ。

私は荷物の状況の確認と報告をするのと同時に、番組に出演し、商品の説明をして売らなくてはいけないのです。

朝8時からの放送が終わると同時に、スタッフから「成田に着きました」という報告が入りました。安心して全身から力が抜けました。

そのときの経験から、緊急事態が発生したら先方には逐一対応の詳細の連絡を入れることの重要性を痛感しました。謝っても状況は改善されません。逃げることもできません。逃げたら倒産です。

トラブル解決のために自分ができることを考えて対処し、状況を先方に報告するしかないのです。こうしたトラブルに遭うことによっていろいろな勉強をすることができます。

ちなみに飛行機のチャーター代は数百万円かかりました。貨物専用機なので考えていたよりは安かったので助かりました。デンマークから日本へのダイレクト便はなく、いろいろなところに寄って荷物を降ろしたり載せたりするので、それくらいの価格ですみました。

あのときのような大変な思いは、もう二度としたくありません。

トラブルの際には、思いつくことを全部やってみるしかありません。諦めるのは簡単です。しかし、諦めたらおしまいです。

もう一回、飛行機をチャーターしたことがあります。このときは荷物を載せていた韓国の海運会社が倒産したのです。テレビショッピング用の寝具の原料を入れたコンテナをドイツで船に載せ、中国まで運ぶ予定でした。

海運会社が倒産すると、会社の引き取り手が決まるまで、その会社の船は港に寄港することができないのです。世界でも有数の規模の海運会社だったので、世界中の海にその会社の船が浮いている状態に陥ったのです。

わが社としては、商品のある場所はわかっていても引き取ることができません。テレビ番組のオンエアにも間に合いません。

結局、このときも飛行機をチャーターして海に浮いている商品を上海に運ぶことになりました。ただし、わが社だけが被害を受けたのではなく、アパレルやインテリア関係など多くの会社が影響をこうむりました。

大きな会社なので、その会社の船に荷物が載っている会社が多くありました。テレビ局側でも大きな問題になり、対応策を一緒に考えてもらうことができました。前回はわが社だけの問題、わが社のミスだったのでシビアな対応をされましたが、そのときは先方も一緒に対処法を考えてくれました。

クレーマーは絶対にやって来る

テレビショッピングでは、食品の購入者から「まずい」というクレームがきたら、基本的には料金をもらわないという解決方法をとります。それに味をしめると、毎回「まずい」と言ってくるクレーマーがいます。

もちろん、そうした行為を繰り返す人はブラックリストに載せ、その人にはできるだけ販売しないという対策がとられています。

また、「いつまでも返品が可能」という制度を悪用する人もいます。

たとえば、化粧品をほとんど使った後に「自分の肌には合わなかった」と言って返品してきます。それでも全額が返金されます。あるいは、汚れた枕が着払いで戻ってきたこともあります。そんな場合、商品は廃棄になりますし、着払いの代金も負担しなければいけません。

わが社の寝具は、洗濯機で洗うことができます。

「洗濯機でおたくの寝具を洗ったとき、寝具を取り出そうとしたら、洗濯機ごと持ち上がり、重いので手を離したら洗濯機が壊れました。洗濯機代を弁償してください」

そんな電話がくることもあります。

寝具に家庭用の針をわざと入れて、「針が入っていた」というクレームを言ってくることもあります。商品を作る際には業務用の針しか使わないので、家庭用の針が入ることなどあり得ないのにです。

対応方法として「代わりの商品を送ります」と言うと、「お金を返してほしい」と言う人がいます。そうした人は最初からお金が目当てなので、「消費者センターに電話します」などと言い出します。こちらが「どうぞ連絡してください」と答えると、話はだいたい終わります。

ただし、基本はできるだけ先方の話を聞くことになります。そして、できるだけ先方の意向に沿うようにします。

食べ物に関しては、混入物に関するクレームが多くあります。ゴキブリやハエ、プラスチックの破片が入っているなどいろいろあります。髪の毛が入っていると言われても、お客様の家で入った可能性もあります。しかし、わかりません。

虫に関しては、虫の混入がないことを証明する報告書を作成する必要があります。その報告書をテレビ局に提出します。

クレーマーは本当にピンキリです。どんなビジネスを行うにしろ、いまではクレーマーが必ず来るという心構えが必要です。その準備をしておかなければいけません。

実際問題として「消費者センターに電話します」と言われるとドキッとします。そこで、消費者センターに相談に行ったこともあります。

消費者センターの担当者にいろいろな状況を説明すると、「そんなことを言われたら、どうぞ消費者センターに電話してくださいと言ってもらっていいですよ」と言われました。「そうなんですか」と驚くと、「私たちも忙しいんです。ちょっとしたことでは動きませんよ」と言ってもらい、「心強いアドバイスをありがとうございます」とお礼を言いました。

本当のクレームは、何百件に一件あるかないかというところです。

クレーマーの中には、ただ話をしたいだけの人もいます。そうしたケースでは、相手の話をちゃんと聞いてあげると納得してもらえたりします。

体調管理ができない経営者は最低

体調管理はとても重要です。私の場合、無理をするし、夜中に仕事をするし、やけ酒も飲んだりします。おかげで体中がカチカチです。

机から落ちた鉛筆を拾おうとして、背中の筋肉が切れたことがあります。息を吸うと痛くて呼吸ができなくなりました。そのときは仕事のしすぎで、筋肉がカチンカチンになっていると言われました。

体と心はつながっています。無理をして体に負担をかけすぎていると、どうしてもストレスがたまってきます。

経営者の先輩からは「体調管理ができない経営者は最低だ」と言われました。それを聞いて「あなたは成功しているので、そんなことを言う余裕があるのでしょう」と反発したくなりました。でも、いまは違います。

体調を崩すと、苦労するのは自分です。体が資本なのです。したがって、体調管理は自分で十二分に気をつけなければいけません。

私はパーソナルトレーナーのところに通い始めて8年になります。以前は週二回でしたが、いまは週一回で一回が90分です。これを続けることが私にとって、ベストな体調管理法になっています。

パーソナルトレーナーと聞くと、毎日通わなければいけないと思う人がいますが、だいたい週に一度か二度です。時間も90分くらいです。ですので、空いた時間を有効に使えばそれほどの負担にはなりません。

スポーツクラブだと自分の好きなときに行って、好きなことをできますが、そのぶん「今日はやめた」という気持ちになりがちです。

パーソナルトレーナーはマンツーマンで、自分に合ったトレーニングを指導してくれるので、スポーツクラブよりはるかに短時間で効率的なトレーニングができます。また体のことをよくわかっているので、正しい体の動かし方を教えてくれますし、時間を約束しているので簡単には休めません。

私は忙しい経営者だからこそ、パーソナルトレーナーは最適だと思います。

休暇は先に予定を決めてしまう

以前の私は、とにかく仕事が最優先でした。会社には私用の大きいカレンダーがあり、私との営業同行を希望したり、打ち合わせしたいときは、希望の日程を誰でも記入できるようになっています。

その弊害で、私は休みを取ることができませんでした。

テレビショッピングの放送は夜だったり、土日だったりします。土日に東京や千葉のスタジオでテレビに出演しても、月曜日の朝には高崎で朝礼に参加しなければいけません。とにかく休みが取れないので、疲れがどんどんたまっていきました。体調もあまりよくなく、気持ちも表情も張り詰めていました。娘からは「このままだと、お母さん、死んじゃうよ」とまで言われました。

そこであるとき、思い切って沖縄の西表島に行きました。西表島では、いままで自分を縛っていたネジが全部外れて、とっても穏やかな人に変身して帰ってきました。10年ぐらい前の話です。4日間過ごしたのですが、本当に別人になりました。

西表島ではマングローブの林でカヌーを漕ぎ、ジャングルの奥地にある幻の滝を見に行くツアーにも参加しました。若者4人の中におばさんが1人です。

普段はテレビ出演があるので、手や足をケガしてはいけないと気にしているのに、「自分はどうしてしまったんだろう」と思うような危険なことにも、どんどんチャレンジしました。

その結果、「休みを取ると、こんなに穏やかになって帰ってこられるんだ」とわかりました。それからは、私が厳しいことばかりを言うようになると、スタッフが「そろそろ休みを取ったほうがいいんじゃないですか（いい人になって帰ってきてください）」と言うようになりました。

いまは年に二回か三回、先に休みの日程を決めて、「ここからここまでは会社にいません」としてあります。このように休みを取ることを習慣にしてから、私は本当に穏やかになりました。

とにかく、休みをちゃんと取らなければいけません。休みのあるなしは、心身にとても大きな影響を及ぼします。体調がまったく違ってきます。

休みを取るコツは、先に日程を決めてしまうことです。そして、自分が休みを取っても大丈夫なように会社がちゃんとまわるようにすることです。

休みを取ると気がつくことがあります。いままでは、いつも自分がいないと会社はダメだと思っていたのに、実際は自分がいなくてもちゃんとまわるのだとわかります。

社員の心と体の健康にも気を配る

私たちの会社はテレビショッピングの生放送があるので、社員の生活も不規則になりがちです。イベントに行く人も多くいます。そのため、全員そろうのは月一度の営業会議のときくらいです。出張に行くと、社員とはほとんど会いません。

社員にも日頃から体調管理を心がけるよう伝えていますが、ついつい無理をする人もいます。

また、たとえば北海道出身の人は休みをまとめてとって、少しでも長く地元に帰ろうと考えます。そのため土日も仕事をして、その代休も有給休暇と合わせてとろうとしたりします。その結果、休みなしで何週間も続けて働くケースもありました。

そこで現在は、連続で7日間以上仕事をしないこと、週に一度は必ず休みを取ることを徹底しています。代休も1カ月以内に消化させています。

1日でも長く地元にいたい気持ちはわかりますが、しっかり休みを取るように言い聞かせています。

そして、毎週水曜日はノー残業デーです。

仕事が忙しいからと言って、お昼休みをちゃんと取らない人もいました。お昼も取らずにズルズルと仕事をしていても、かえって効率が下がります。そこで、いまは12時になると「お昼です」と言って照明を消して、絶対にお昼休みが取れるようにしています。

また、午前11時になると「集中タイムです」という声がかかります。12時までの1時間は、誰もしゃべってはいけないことになっています。

ワンフロアの広い部屋なので、普段は社員同士の話し声がいろいろと飛び交っていて、仕事に集中できないこともあります。ですから、その1時間は電話の応答はＯＫですが、社員同士で話をしてはいけません。ミーティングもなしです。

事務関係のスタッフだけが参加するイベントがあります。年に二回開催されている「上州どっと楽市」で、高崎の商工会議所が主催しています。

このイベントには営業のスタッフは参加せず、総務や経理のスタッフが参加して商品を売ってきます。前回は1足９６００円の靴を１０００円で売りました。かっこいい靴なのに売れ行きがいまいちで、すでに評価損の計上済みだったので、安値で売ることにしたのです。

いつもはいろいろな商品を持って行くのに、その靴だけを持って行ったそうです。すると前回までは閑古鳥が鳴いていたのに、朝から晩までお客が途切れなかったのです。結局、250足ぐらい売れたと大喜びしていました。

仕事で営業に携わっていないスタッフにも物を売る喜び、お客様とのふれあいを感じてもらえています。

社員旅行は3年に一回。月に3000円を貯めて10万円になると行くようにしています。3泊4日ぐらいで遊んで帰ってきます。

大切なのはセルフマネージメント

心と体は連動しています。体だけ健康、心だけ健康ということはあり得ません。両方のバランスが取れていないといけません。

経営者は、会社のことを四六時中考えています。したがって、メリハリをつけることはとても大切だと思います。私は金曜日は「お花の日」と決めて、夜、家に帰ると必ずお花をいけることにしています。お花屋さんに、金曜日の夕方に自宅へ花を届けてくれるように頼んであります。

私には、1日平均700通のメールが届きます。1日それを見ないと、次の日には倍になってしまいます。見ないですますことはできません。

休みのときも、メールだけは見ざるを得ません。たまっていくと処理できなくなるからです。経営者の宿命として諦めています。

ただ以前は、ノートパソコンを旅行にも持っていかなければいかず、荷物になりました。それがiPadになり、いまはスマホでも対応できます。これでだいぶ楽になりました。

社員の日報は、旅行中でも毎日読みます。

私はいつも家に帰ると、ワインを飲みます。これで、ちょっとリラックスして緊張が解けていきます。その後、料理をします。

私は料理が大好きです。料理を作るときには、仕事で使う頭と違う部分を使っているのだと思います。ものすごくリラックス効果があります。

ワインを飲んで、料理を作って、それを食べる。家に帰ってからの決まりごとをすることがリラクゼーションになります。そして、翌日からの活力を取り戻していくのです。

おわりに

本文にも書きましたが、アペックスの経営権をM&Aで譲渡するとき、私が5年間は社長として関わることが条件になっていました。

2017年にはその5年が過ぎましたが、現在もまだ社長を務めています。そんな私を見て、「理想的ですね」と言っていただくことがあります。

なぜなら驚きの事実なのですが、M&Aで自分の会社を手放した後、自己破産する人が多いからです。M&Aによって大きなお金を手にすることはできますが、その先の目標を失ってしまうのです。経営者はつねに何かをしていたいと思うので、不慣れな分野に進出して失敗することもあるようです。

私が相談に乗ってもらった日本M&Aセンターでは、M&Aをした人に対して、お金をどうしていくのか相談に応じています。目標を持って仕事をしてきた人が、仕事上の目標を失うというのはそれほど大きな損失なのです。

私はM&Aをした後も、自分の好きな仕事をしています。その様子を見て、理想的ですねと言ってもらえます。働きがい、生きがいという意味では理想的な方法だったのかもしれません。

アペックスは2014年に、「女性従業員の育児休業取得率が75パーセント以上」「男性従業員のうち育児休業取得者が1名以上」などの一定の基準をクリアし、「くるみんマーク」を取得しました。「子育てをサポートする働きやすい企業」として厚生労働大臣の認定を受けたのです。

子育て中の親が働きやすい職場環境を作ることが、私の使命だと考えています。そして、いま以上に働く女性をサポートできる会社に進化させていきます。

起業して、しばらくはつらいことばかりでした。それが、いまでは人から「理想的ですね」と言われることができています。

その間にお世話になった多くの人への感謝とお礼の意味でも、起業をめざす女性、働く母親のお手伝いができればと考えています。

私は昔から、過去の自分にさかのぼる退行催眠や生まれ変わりに興味があり、多くの本を読んできました。アメリカでトレーニングを受けた医師が都内で退行催眠を行っていると聞き、そこを訪れて体験したことがあります。

「催眠」というと怖いもののように感じたのですが、まるで360度スクリーンが広がる映画を見ているような感覚で、しかもとてもリアルに感じられるのです。

そのスクリーンを通して、私は現在の人生にいちばん直結している前世を垣間見ました。それは17世紀、イギリスでの私自身の人生でした。

その17世紀の自分が死ぬ瞬間に誘導してくれたのですが、「いま、あなたが思っていることはなんでしょうか」と聞かれました。

そのとき、不思議なことに私の口から、

「もし生まれ変わりというものがあったら（その人生ではクリスチャンなので、生まれ変わりはないと教わってきています）、やはり、また女性として生まれ変わりたい。そして、いまの時代ではどうしてもできなかった『仕事』を思いきりしたい」

という言葉が出てきました。

17世紀はいくら勉強をし、知識や才能を持っていたとしても、女性がキャリアを積むには早すぎる時代だったのです。

現実に引き戻されたとき、その医師が聞きました。

「最後の言葉は、いまのあなたの人生にリンクしますか」

「はい、まさしく！」

私は自信をもって答えました。

私は小さい頃から外国に行きたいと思っていましたが、まさか自分が起業をし、実業家として生きていくなどとは夢にも思っていませんでした。

起業家としての人生は山あり谷ありで、いろいろなことがありました。

それは、いまでも日々感じていることです。

そして、あまりにスピーディーにさまざまなことに直面するので、おそらく普通の人の人生に比べて、より多くの経験をしていると思います。


人生の目的は、「幸せになる」ことです。

もし起業してみたい、自立してみたいとあなたが感じているのであれば、チャレンジしてみることをお勧めします。

楽しいことばかりではなく、いろいろなつらいこともあるかもしれません。

それでも、いつか振り返ったときに「私の人生は本当に幸せな人生だ」と感じる充実感を手にしてください。

最後になりましたが、この本の出版にあたり、同友館の佐藤文彦さん、そして稲垣豊さん、岩谷洋昌さん、ありがとうございました。また、心の支えとなってくださった芦澤雅子さん、ありがとうございました。
素晴らしい㈱アペックスおよび㈱アルトのスタッフと共にさらに上を目指していく所存です。

芳子ビューエル

【著者略歴】

芳子ビューエル（よしこ・ビューエル）

北欧流ワークライフデザイナー。

株式会社アペックス取締役社長、株式会社アルト代表取締役。

「産後復帰率100％、希望退職率０％」を目指す経営者。

群馬県高崎市出身。高校卒業後にカナダに留学。大学在学中にカナダ人男性と結婚し、８年半カナダに滞在。カナダ滞在中はBenndorf-Verster LTD.（現kinko's）に女性第一号の営業マンとして採用される。カナダからの帰国後、３人の子育てをしながら、アペックス、アルトの２社を起業、北欧輸入の第一人者として、２社合計で年商20億円を達成。

世界的に有名なデンマークブランド「menu」「DYKON」等、北欧の大手メーカー７社の商品を取り扱い、「北欧雑貨・家具ブーム」の礎を築くことに貢献する。また、テレビ通販では、デンマーク発祥の寝具ブランド「Danfill」を紹介、枕だけで50万個以上を販売。

株式会社アペックスはM&Aで東証１部企業と資本提携しており、この経験から、中小企業の事業承継に悩む企業オーナーへのコンサルティングも行なっている。

実業家として成功を収める一方で、「女性らしい柔軟さや、家族や家庭を大事にする心もとても重要」と語り、ワークライフバランスの実現や、世界各国から学んだライフスタイルの提案も発信。2017年には世界各国から集めた上質な商品を扱うインテリアショップ「ALTO（アルト）」、カフェ「Hygge（ヒュッゲ）」をオープンした。

2019年6月18日　第1刷発行

私を幸せにする起業

©著　者　芳子ビューエル
発行者　脇　坂　康　弘

発行所　株式会社　同友館
〒113-0033 東京都文京区本郷 3-38-1
TEL. 03(3813)3966
FAX. 03(3818)2774
URL https://www.doyukan.co.jp/

落丁・乱丁本はお取替えいたします。
三美印刷／松村製本所
カバーデザイン・広瀬　開(FEZ)

ISBN 978-4-496-05419-8
Printed in Japan

本書の内容を無断で複写・複製（コピー）、引用することは、
特定の場合を除き、著作者・出版社の権利侵害となります。